Jango e o golpe de 1964
na caricatura

Nova Biblioteca de Ciências Sociais
diretor: Celso Castro

Forças armadas e política no Brasil
José Murilo de Carvalho

O Brasil antes dos brasileiros
André Prous

Jango e o golpe de 1964 na caricatura
Rodrigo Patto Sá Motta

Questões fundamentais da sociologia
Georg Simmel

Rodrigo Patto Sá Motta

Jango e o golpe de 1964 na caricatura

Jorge ZAHAR Editor
Rio de Janeiro

Jorge Zahar Editor Ltda.
rua México 31 sobreloja
20031-144 Rio de Janeiro, RJ
tel.: (21) 2108-0808 / fax: (21) 2108-0800
e-mail: jze@zahar.com.br
site: www.zahar.com.br

Capa: Sérgio Campante

CIP-Brasil. Catalogação-na-fonte
Sindicato Nacional dos Editores de Livros, RJ.

M875j
Motta, Rodrigo P. Sá (Rodrigo Patto Sá)
Jango e o golpe de 1964 na caricatura / Rodrigo Patto Sá Motta. — Rio de Janeiro: Jorge Zahar Ed., 2006
il. (Nova bilbioteca de ciências sociais)

Inclui bibliografia
ISBN 85-7110-948-6

1. Goulart, João, 1918-1976 – Caricaturas e desenhos humorísticos. 2. Brasil – Política e governo – 1961-1964 – Caricaturas e desenhos humorísticos. 3. Brasil – História – Revolução, 1964 – Caricaturas e desenhos humorísticos. I. Título.

CDD 320.981
06-3078 CDU 32(81)

Sumário

Lista de abreviaturas — 8

Prefácio — 9

Introdução — 15

1 Personagens — 33

2 O interregno parlamentarista — 47

3 O grande manipulador — 59

4 Hamlet equilibrista — 70

5 Mar de lama — 82

6 A crise econômica e o monstro da inflação — 92

7 O movimento sindical e a onda grevista — 102

8 O governo e as reformas — 114

9 Política externa independente — 125

10 Candidato a ditador — 142

11 Goulart e o perigo vermelho — 157

Epílogo — 170

Considerações finais — 179

Notas — 182

Relação das fontes — 184

Bibliografia — 185

Agradecimentos — 190

Para Arthur, meu filhote caçula.

Que a fortuna seja sempre sorridente para você.

"A fim de exercer adequadamente sua função, os historiadores precisam de uma capacidade de percepção imaginativa, sem a qual os ossos do passado continuam ressequidos e sem vida. Exercê-la é, e sempre foi, uma tarefa repleta de riscos."

ISAIAH BERLIN

Lista de abreviaturas

AE/SP	Arquivo do Estado de São Paulo
Amforp	American and Foreign Power Company
BID	Banco Interamericano de Desenvolvimento
BN	Biblioteca Nacional
BPUC/MG	Biblioteca da Pontifícia Universidade Católica de Minas Gerais
CGT	Comando Geral dos Trabalhadores
CIA	Central Intelligence Agency
Contag	Confederação Nacional dos Trabalhadores da Agricultura
CPI	Comissão Parlamentar de Inquérito
CPOS	Comissão Permanente das Organizações Sindicais
FSD	Fórum Sindical de Debates
HPMG	Hemeroteca Pública de Minas Gerais
Ibad	Instituto Brasileiro de Ação Democrática
Ipês	Instituto de Pesquisas e Estudos Sociais
ITT	International Telephone & Telegraph
OEA	Organização dos Estados Americanos
OPA	Operação Pan-Americana
PAC	Pacto de Ação Conjunta
PCB	Partido Comunista Brasileiro
PSB	Partido Socialista Brasileiro
PSD	Partido Social Democrático
PTB	Partido Trabalhista Brasileiro
PUA	Pacto de Unidade e Ação
UDN	União Democrática Nacional
URSS	União das Repúblicas Socialistas Soviéticas

Prefácio

A intenção deste livro é despertar o interesse do grande público, e não apenas dos estudiosos e especialistas. Afinal, as caricaturas são elemento importante de nossa cultura e da indústria cultural, e mobilizam uma linguagem artística de ampla repercussão pública. Exatamente por imaginar que o tema seja de interesse público e por desejar atingir número maior de leitores, evitei, na medida do possível, o uso do jargão acadêmico, procurando compor um texto de leitura acessível e agradável. No entanto, é preciso lembrar que o leitor tem nas mãos o resultado de um estudo acadêmico, realizado de acordo com padrões de pesquisa correntes nas ciências humanas e sociais. Como professor universitário recebi incentivo e recursos públicos para realizá-lo, e espero apresentar contribuição inovadora ao conhecimento de nossa história.

O foco é o conturbado contexto político que antecedeu o golpe de 1964, pois o objetivo central é ajudar na compreensão das razões que explicam o evento de 31 de março, de desdobramentos tão marcantes para a história recente do Brasil, presentes e visíveis ainda hoje. É para contribuir com o debate sobre as causas do golpe, polêmica ainda longe de conclusões definitivas, que me volto para a figura de João Goulart e seu governo. Uma análise do modo como Jango e seus auxiliares e aliados foram representados nos ajudará a compreender como os contemporâneos viram a crise, como a imaginaram. Outros personagens também foram atores importantes do processo e ocuparam lugar de destaque no debate público e, conseqüentemente, na caricatura; alguns deles serão mostrados nas páginas seguintes. Mas nenhuma outra figura teve a importância de Goulart, tanto por ações realizadas ou cogitadas como presidente da República quanto por ter despertado temores, muitas vezes imaginários, de que pretendia trilhar projetos políticos radicais.

As características do contexto histórico em foco geraram um momento especial para a produção caricatural, talvez único. Na primeira metade dos anos 1960 teve lugar uma conjunção de elementos, nem sempre vista em nossa história, que gerou poderoso impulso à caricatura política: uma polarização aguda entre esquerda e direita, gerando a sensação de que haveria alguma ruptura grave – como um golpe ou uma guerra civil – e, ao mesmo tempo, relativa liberdade de expressão. Por causa dessa mistura, a produção do período foi particularmente brilhante: de um lado, estimulada pelo quadro político, e, de outro, não manietada por mecanismos autoritários. O resultado foi rico e criativo, como o leitor terá oportunidade de constatar.

As caricaturas analisadas foram, em sua maioria, publicadas na grande imprensa, em jornais dos mais expressivos da época, como pode ser visto na relação de fontes pesquisadas. Este estudo ajudará a compreender melhor como a grande imprensa interveio no contexto, já que as caricaturas configuram parte importante do discurso político emitido pelos jornais. Foram utilizados, também, alguns órgãos da pequena imprensa, na maioria periódicos de organizações políticas tanto de direita quanto de esquerda. A maior ênfase conferida às obras publicadas na grande imprensa deve-se ao fato de alcançarem maior repercussão pública, ou seja, de atingirem um número maior de pessoas. Além disso, elas expressam melhor os sentimentos e pontos de vista dos grupos dominantes, dos setores que deram o tom da campanha contra Goulart e foram os agentes do golpe. Nos jornais de esquerda, as caricaturas poupavam o aliado Jango, assestando baterias contra os inimigos presumidos dos projetos reformistas ou revolucionários: Carlos Lacerda, Tio Sam e os "gorilas". O livro contém análises de alguns desses desenhos, que dão importante contribuição para esclarecer o contexto. No entanto, as publicações da grande imprensa servem melhor ao propósito de compreender as motivações dos golpistas.

Ao contrário de outros livros dedicados a caricaturas, este não foi organizado a partir de cronologias ou da obra individual dos desenhistas. Tampouco houve intenção de analisar a fundo os estilos e traços que distinguem os diferentes caricaturistas, embora esse seja um campo de pesquisa muito interessante.*

* No início dos anos 1960 estava em processo uma mudança na produção caricatural brasileira, com o surgimento de artistas que renovariam bastante o desenho de humor, ao adotar traços mais ousados e linguagem menos presa à tradição da caricatura, em busca de formas mais abstratas e/ou um diálogo com outras formas de expressão artística, a exemplo de Jaguar, Claudius e Millôr.

Na verdade, para os propósitos deste trabalho, não interessa tanto a qualidade dos desenhos, se são criativos, belos, engraçados ou bem executados. Importa, em primeiro lugar, o discurso político que eles apresentam e os argumentos ou idéias que carregam. É claro que se forem engraçados ou belos tanto melhor para nossa fruição, e muitos deles o são. No entanto, não foi esse o critério que presidiu a seleção do material utilizado na análise e tampouco a definição da estrutura do livro.

Entre as centenas de caricaturas publicadas nos jornais, de 1961 a 1964, foram escolhidas as mais expressivas como crítica política, como peças de intervenção no debate público. Os capítulos foram organizados de acordo com um recorte temático (por exemplo: crise econômica, política externa), o que fez com que desenhos de diferentes artistas fossem aproximados a partir da existência de argumentos comuns e deixou divisões cronológicas rígidas em segundo plano.

A seleção dos temas para compor a estrutura de capítulos do livro foi baseada na incidência, ou seja, privilegiaram-se os mais recorrentes, que permitem perceber as linhas mestras do debate político. Dado o enfoque do livro, interessam mais aqueles que implicam críticas a João Goulart e a seus aliados, e a avaliação das questões mais candentes do cenário político da primeira metade dos anos 1960. O fato de certos temas terem sido objeto de repetição e reiteração é significativo, pois isso ajuda a revelar o eixo central das polêmicas e críticas ao governo. É possível supor uma maior disseminação de tais temas, pois um número maior de pessoas teve acesso a eles, provavelmente recebendo as mesmas mensagens várias vezes. A obrigação profissional de produzir diariamente, às vezes colaborando em mais de um jornal, levou os caricaturistas, em certos momentos, a serem repetitivos e, com mais freqüência ainda, a copiarem idéias lançadas por outros colegas. A dimensão repetitiva da produção caricatural é elemento de análise importante para o historiador, mas isso não significa que seja necessário ou adequado reproduzir todas aqui. As imagens foram selecionadas para evitar redundâncias e não aborrecer o leitor, sobrecarregando, inutilmente, o livro.

A opção de não abordar as caricaturas partindo dos autores implica o risco, assumido com consciência, de operar generalizações abusivas. Não procurei apagar as diferenças de estilo nem desconhecer a existência de posições políticas distintas entre esses artistas. A questão é que a proposta de análise impôs uma abordagem que não deixa espaço para enfoques individualizados. Mas isso não significa que tenham passado despercebidas as distinções entre desenhistas do porte de Lan, Hilde, Augusto Bandeira e Theo,[*] por exemplo. Do ponto de vista político, os trabalhos de Hilde, Adail e Biganti[**] aproximavam-se do ideário liberal, de feição marcadamente antiesquerdista e anticomunista. No caso de Hilde, essa postura vinha acompanhada do compromisso com o projeto político de Carlos Lacerda, líder que ela chegou a exaltar em suas obras e cuja candidatura presidencial defendeu com entusiasmo.[***]

Já caricaturistas como Lan e Augusto Bandeira, por exemplo, apresentavam postura ideológica menos nítida, uma vez que criticavam tanto a direita quanto a esquerda. É interessante observar que essas diferenças ideológicas eram coerentes com as posturas assumidas pelos jornais em que os desenhistas publicavam. O primeiro grupo se concentrava em torno de jornais afinados com o ideário liberal, como *O Estado de S. Paulo* (Hilde e Biganti), *Tribuna da Imprensa* (Hilde e Biganti), enquanto esse pertenceu a Lacerda, e o sensacionalista *Maquis* (Adail). Lan e Augusto Bandeira eram caricaturistas, respectivamente, do *Jornal do Brasil* e do *Correio da Manhã*, jornais moderados, que chegaram a apoiar alguns projetos reformistas. Em que pesem as distinções apontadas, muitos dos golpes desferidos por esses desenhistas contra Goulart eram parecidos e, no final da crise, todos convergiram para uma crítica veemente contra o seu governo.

É importante ressalvar que a intenção não é acusar ou responsabilizar os caricaturistas pelos acontecimentos de 1964. Afinal, as críticas da imprensa podem ser positivas para os governos, ao apontar equívocos e pontos frágeis em suas ações. O fato de terem atacado o governo Goulart não implica, automaticamente, apoio ao golpe e, menos ainda, ao regime militar subseqüente. No entanto, quaisquer que tenham sido as intenções dos artistas – e, como já foi apontado, eles não compunham grupo homogêneo –, suas críticas ajudaram a enfraquecer

[*] Lanfranco Vaselli (nascido em Montevarchi, Itália, 1925), Hilde Weber (natural de Waldau, Alemanha, 1913-1994), Carlos Augusto Moniz Bandeira (natural de Salvador, Bahia, 1937-2000) e Theo (Djalma Pires Ferreira, natural de Salvador, Bahia, 1901-1980). Esses quatro se destacam na produção caricatural publicada nos jornais do período, e serão muito citados neste livro. Outros grandes nomes da caricatura, como Jaguar (Sérgio de Magalhães Gomes Jaguaribe, nascido no Rio de Janeiro em 1932) e Claudius (Silvius Petrus Claudius Ceccon, nascido em Garibaldi, Rio Grande do Sul, em 1937), por exemplo, aparecerão também, mas apenas esporadicamente. A razão principal é que esses desenhistas atacaram pouco o governo Goulart, portanto, sua produção não contempla o foco principal deste trabalho.

[**] Edmondo Biganti nasceu na Itália, em 1918, e faleceu em São Paulo, em 2000.

[***] As caricaturas pró-Lacerda de Hilde são insossas no contexto de sua notavelmente brilhante obra, em especial quando comparadas às hilariantes charges que ela dedicou a João Goulart. A arte da caricatura favorece a crítica, não a exaltação. Esse tema será analisado com mais detalhe adiante.

o governo, divulgando imagens que alimentaram o medo e a insegurança, caldo de cultura em que o golpe foi gerado.

Outra ressalva: o leitor não encontrará no livro um estudo da recepção das caricaturas. Há algum tempo historiadores e cientistas sociais estão cientes de que não é suficiente analisar o discurso, a propaganda, o imaginário e a iconografia produzidos por diferentes atores em seus contextos. Compreender como essas mensagens são elaboradas e desvendar seus sentidos é fundamental, mas permanece o problema de saber como elas são recebidas pelo público a que são dirigidas. A existência de volumosa produção caricatural na grande imprensa não é garantia de que ela tenha impressionado significativamente o público, tampouco de que sua mensagem tenha sido interpretada da maneira desejada. Assim, uma caricatura atacando Jango pode ter gerado tanto reações de aprovação, entre os grupos sensíveis ao discurso oposicionista, quanto de indignação nos meios simpáticos ao presidente. Voltarei a essa questão na conclusão do livro. Entretanto, apesar das ressalvas apontadas, não tenho dúvidas sobre a relevância do impacto social dessas imagens. Em épocas de grande insegurança e temor, as formas de linguagem capazes de mobilizar a comicidade e o humor tornam-se particularmente atraentes, pois o riso ajuda a lidar com o medo.[1] Creio ter ocorrido algo do gênero no Brasil às vésperas de 1964.

Enfim, o livro foi escrito para demonstrar uma tese. Mas ficarei feliz se a leitura trouxer prazer e se o livro conseguir atrair o leitor comum para essa viagem.

Introdução

Embora alguns autores sustentem que a caricatura teve precursores em períodos anteriores, o argumento mais aceito é que essa forma de expressão artística surgiu no século XVII, na Itália, no traço dos irmãos Annibale e Agostino Carracci. O estilo ficou conhecido, inicialmente, como *ritratti carichi*, ou retrato carregado, e daí derivou o termo caricatura. "Carregar", nesse caso, tem o sentido de exagerar, de ressaltar determinadas características do retratado, sempre com intenção crítica e zombeteira. Significa fazer carga contra alguém, ou seja, atacar. A versão francesa do conceito, *charge*, expressa com mais nitidez essa idéia: carga.

As expressões "caricatura" e "charge" são, com freqüência, utilizadas indistintamente, e nessa área não há definições canônicas. De acordo com uma das mais acatadas propostas de distinção, a primeira retrataria figuras humanas conhecidas, enquanto a especialidade da charge seria a de abordar fatos ou acontecimentos específicos.[1] Há também o cartum, um gênero de desenho de estilo mais livre, em que o autor geralmente ignora personagens ou fatos reais, dedicando-se a temática atemporal e universal. O cartum guarda estreita proximidade com as tirinhas ou histórias em quadrinhos, que também são tributárias da tradição iniciada pelo desenho caricatural.

Há quem divirja dessa classificação, entendendo que o termo caricatura só pode ser usado para designar o retrato pessoal, enquanto charge seria um comentário crítico a pessoas e situações específicas.[2] Neste estudo, optei pelo uso da expressão caricatura, embora muitos dos desenhos utilizados possam ser classificados como charges. A escolha – consciente de que estará sujeita a divergências – decorreu de duas razões: caricatura permanece a designação genérica para as diversas formas de humor gráfico; além disso, a maioria dos desenhos reproduzidos e analisados aqui, efetivamente, consiste em caricaturas de personagens retirados da "grande" política, mesmo que, em sua maioria, ultrapassem o formato de retrato pessoal.

A caricatura do tempo dos Carracci – cujo surgimento deve ser compreendido no contexto do Renascimento, caracterizado, entre outras coisas, pela experimentação estética e o interesse pelo grotesco – desenvolveu pouco as possibilidades de crítica política, centrando-se mais em retratar tipos singulares e personalidades. O amadurecimento da caricatura política deu-se na Inglaterra do século XVIII, para o que contribuiu o clima de relativa liberdade vigente naquela monarquia moderada e as paixões despertadas pelas lutas revolucionárias (e contra-revolucionárias) do período 1780-1820, igualmente responsáveis por impulsionar a produção caricatural na França. Os parâmetros básicos de composição do desenho cômico foram lançados nessa época, e a linguagem da caricatura já se encontrava consolidada nas primeiras décadas do século XIX, graças ao talento de desenhistas como Gillray, Cruikshank e Daumier. As primeiras caricaturas brasileiras apareceram na década de 1830, ligadas ao nome de Araújo Porto Alegre, dando início a uma rica trajetória de humor gráfico que continua produzindo excelentes artistas.[3]

A caricatura é uma forma de expressão tida por muitos como arte menor, ou mesmo incapaz de alcançar a verdadeira arte, posto que não atingiria o sublime ou o belo, ao contrário, estaria próxima do bizarro e do grotesco. Chegou a ser comparada ao desenho infantil e seus traços considerados primitivos e imaturos. O fato de provocar o riso e a derrisão não facilitou as coisas. O preconceito contra o riso, que uma parte da tradição do pensamento ocidental considera manifestação de mentes inferiores, indigna de espíritos elevados, transferiu-se para a caricatura.[*] Se provoca riso não é coisa séria, e não merece ser tratada como tal. Daí a relativa escassez de reflexões sistemáticas sobre essa arte, em contraste com a importância de seu alcance social. A facilidade com que ela se comunica com o grande público e a acessibilidade de sua mensagem oferecem um argumento adicional para os críticos, que vêem confirmadas suas suspeitas de se tratar de expressão cultural vulgar. Essa visão desfavorável também explica por que a produção caricatural de alguns artistas plásticos de renome é pouco conhecida. Vários pintores importantes dedicaram-se à caricatura, mas não se esforçaram em divulgar essa faceta de sua obra, talvez por medo de serem malvistos.

[*] Há também a vertente que considera o riso atributo dos selvagens, dos loucos ou dos maus.

Não obstante, a caricatura é levada a sério pelos detentores do poder, que muitas vezes "acusam o golpe" e partem para a repressão. Há vários casos de artistas punidos por governantes mal-humorados. O mais célebre deles foi a prisão do responsável pelo desenho que compara o rei Luís Felipe, da França, a uma pêra, que na gíria da época significava estúpido. Napoleão também ficava irritado com os ataques recebidos dos satiristas ingleses, embora tivesse de engolir a raiva por não poder atravessar o canal da Mancha para acertar as contas. Até personalidades conhecidas por troçar impiedosamente dos adversários podem sentir desconforto quando atacados. É o caso de Voltaire, o grande demolidor, que ficava furioso quando se tornava alvo da zombaria dos desenhistas.

Alguns governantes dizem apreciar as caricaturas que inspiraram, a ponto de colecioná-las, e esse seria um argumento contrário à tese de que essas imagens incomodam. Porém, não seria essa reação uma forma de desmobilizar os críticos? Afinal, o pior modo de reagir à zombaria é mostrar-se atingido, e o mais inteligente é fingir indiferença ou mostrar-se bem-humorado. Consta que Getúlio Vargas gostava de ser informado sobre as piadas inventadas pelos cariocas a seu respeito, pois, assim, podia medir sua popularidade. Não obstante, esse aparente bom humor presidencial não impediu que a produção caricatural sofresse com a ditadura. A partir da implantação do Estado Novo, o tempo fechou para todas as formas de manifestação política, inclusive as cômicas, e a censura e o temor à repressão levaram ao empobrecimento do desenho caricatural.* Há casos de governantes que, por um lado censuravam as sátiras de caráter oposicionista, e, por outro, estimulavam a elaboração de caricaturas contra os adversários. Foi o que fizeram os jacobinos franceses, em sua breve passagem pelo poder.[4] Haveria exemplo melhor de como o poder reconhece a força crítica da caricatura?

Por que o incômodo dos poderosos? Essencialmente, devido à capacidade de disseminação da linguagem caricatural e ao potencial destrutivo de seu estilo zombeteiro. Quanto ao primeiro aspecto, a observação mais óbvia a fazer é repetir um argumento clássico, hoje considerado superado por alguns autores. Trata-se da convicção de que as expressões visuais possuem notável poder de comunicação, alcançando efeito superior ao do discurso verbal (daí o aforismo: uma imagem vale mais que mil palavras). O suposto é que as imagens têm capacidade de transmitir mensagens com concisão e clareza inigualáveis, gerando nos

---

*No final do Estado Novo, a partir do alinhamento do Brasil com as forças aliadas contra o nazismo, houve uma descompressão política, o que estimulou os caricaturistas a arriscarem-se mais. Ver o livro de Herman Lima, *Rui e a caricatura*, de 1950, e o de Cássio Loredano, *O bonde e a linha*, de 2002.

olhos e na mente do espectador impressão marcante e imediata. Seu uso como meio de comunicação, além de oferecer rapidez na transmissão de mensagens, teria vantagem adicional, mobilizando signos que podem ser compreendidos por todos, inclusive os analfabetos. E essa não é uma questão de somenos, pois em determinados contextos históricos e entre certos grupos sociais são elevados os percentuais de analfabetismo, notadamente no nosso caso.

Embora alguns autores tenham criticado o argumento, questionando se o público receptor das imagens de fato as compreende instantaneamente,[5] continua válido o cerne da idéia, principalmente no que toca às caricaturas. Os desenhos cômicos efetivamente são concisos; em poucos traços o artista deve transmitir uma mensagem que, muitas vezes, é composta de vários elementos. E precisa fazer-se compreender rápido sob pena de enfraquecimento do efeito cômico desejado ou perda do interesse do público. Além disso, os caricaturistas, normalmente, pretendem atingir público amplo. Se for verdade que as imagens, por sua natureza, atingem grupos maiores de pessoas, no caso da caricatura esse efeito é ainda mais abrangente. Tem-se falado, e com razão, que a caricatura é uma linguagem artística de grande alcance popular. Podemos notar isso observando as estratégias usadas na composição de desenhos compreen-síveis para o grande público, como o uso de metáforas simples (carros e barcos para representar o Estado, futebol e xadrez como símbolos da luta pelo poder) e de arquétipos tradicionais, como bichos repelentes (cobras) para representar o mal e animais nobres para sugerir valores positivos (leão = coragem). Há caricaturas mais sofisticadas, de sentido complexo e compreensão menos fácil para o grande público (ver figura 40), mas não são a regra.

O surgimento do desenho de humor permitiu maior aproximação das classes subalternas em relação à política. A caricatura ajuda a traduzir os eventos, conflitos e grandes personagens políticos para a linguagem popular, tornando tais temas mais palatáveis para indivíduos iletrados e/ou socialmente excluídos.[6] Ela contribui para desmistificar e dessacralizar o poder, mostrando líderes e chefes de Estado como seres humanos falíveis e, eventualmente, ridículos. Ao mesmo tempo, torna os assuntos políticos menos misteriosos e mais próximos do universo de compreensão do povo.

A força de comunicação da caricatura e seu potencial de atrair o interesse de amplos setores sociais são decorrência, sobretudo, da sua veia cômica e humorística.[*]

---

[*]Existem distinções entre "cômico", expressão de origem latina que designa fenômeno conhecido dos romanos antigos, e "humor", termo que começou a circular na Inglaterra do início do

O homem é um animal que ri, como disse Aristóteles; portanto, nada mais universal e comum entre os membros da espécie, independentemente da origem social ou étnica, do que se entregar ao riso. Podemos dizer, sob risco de incorrer no "pecado" do determinismo, que uma forma de expressão cultural capaz de utilizar a linguagem do riso e da derrisão dificilmente escaparia de se tornar popular.

Uma evidência forte da raiz popular da caricatura é o modo como foi apropriada pela imprensa jornalística. No início, os desenhos eram gravados e impressos em formato unitário, vendidos ao público das grandes cidades por ambulantes ou em estabelecimentos comerciais. A grande procura e as vendagens decorrentes provocaram, no início do século XIX, o aparecimento de publicações periódicas exclusivamente dedicadas à sátira e, simultaneamente, a incorporação das caricaturas aos jornais da nascente grande imprensa.* A importância conferida aos grafismos cômicos por alguns jornais fez com que começassem a ser publicados em destaque, às vezes na primeira página. A simbiose entre caricatura e imprensa diária foi profunda, a ponto de parecer pobre e incompleto um jornal que não contasse com pelo menos um desenhista de humor.

A fácil adaptação da caricatura ao discurso jornalístico deveu-se, também, ao fato de ter funcionado como crônica política. O desenho de humor, de maneira recorrente, atua no comentário diário dos acontecimentos e atos dos líderes políticos, o que auxilia os jornais em seu papel de produzir a notícia e informar o grande público. Com freqüência, as caricaturas servem para expressar o ponto de vista do periódico sobre os temas em debate, como se ilustrassem a posição política do jornal. Cartum editorial é o nome usado nas redações para designar esse tipo de imagem que, através dos recursos de linguagem característicos do desenho cômico, ilustra e fixa as diretrizes políticas dos dirigentes do veículo.

Para além do potencial de disseminação, o incômodo maior que as caricaturas causam em suas "vítimas" advém do conteúdo crítico do seu discurso. Na maior parte dos casos, elas constituem-se em ataques zombeteiros, em representações grotescas e cômicas de personagens conhecidos do público. Exagerando no traço e carregando nas tintas, os artistas apontam defeitos e más ações ou realçam qualidades negativas das figuras retratadas. Em poucas palavras: mostram os líderes políticos como seres ridículos e derrisórios, ou seja, como pessoas

período moderno. Como não há consenso entre os especialistas nas tentativas de diferenciá-las, preferimos usar as duas expressões indistintamente.

* Não entrei em detalhes aqui, mas, naturalmente, a consolidação e a expansão das caricaturas dependeram de avanços técnicos da imprensa, que permitiram a inclusão das imagens nos jornais e, paulatinamente, o aperfeiçoamento da qualidade das reproduções.

de quem se deve rir. Tornar uma personalidade pública objeto do riso não é ato fortuito, mas uma ação carregada de implicações políticas.

A força do riso como arma na luta política, recurso utilizado para enfraquecer a posição dos adversários, é conhecida desde a Antigüidade. Os mestres da retórica ensinavam que uma das melhores maneiras de minar os argumentos do oponente era através da zombaria. Sua preocupação não era apenas formar bons oradores para lutar na arena política, mas, também, formar líderes capazes de sustentar debates em outros espaços com presença de público, como, por exemplo, a esfera judicial. A questão central era como se conduzir de maneira eficaz em um debate público, como elaborar estratégias inteligentes visando a conquistar a atenção e o favor do público e, assim, atingir o objetivo maior da retórica: persuadir e convencer.[7] Os manuais de *ars retorica* ensinavam que o bom orador deveria ser capaz de transformar os ouvintes em espectadores e conseguir que eles figurassem ou imaginassem os eventos ou pontos de vista apresentados, o que os tornaria mais críveis.[8] Por outro lado, para aumentar a força de seus argumentos e dominar melhor a platéia, o orador talentoso precisaria ser capaz de produzir efeitos emocionais, despertar nos espectadores reações como ódio, pena ou riso.

Levar o público ao riso pode ter dois efeitos positivos para quem discursa. Em primeiro lugar, é uma maneira de conquistar a simpatia da platéia e, às vezes, desviar sua atenção de pontos frágeis do argumento defendido. Segundo, e mais importante aqui, o domínio da arte do discurso político demanda o talento de tornar o adversário risível ante o público. Apresentar um líder em traços ridículos é uma forma de desacreditá-lo e desmoralizá-lo, e, conseqüentemente, esvaziar sua argumentação ou proposta e derrotá-lo. Desde sua consolidação, no início do período contemporâneo, a linguagem da caricatura política se estruturou com base nesses princípios. Algumas caricaturas brandas podem até tornar o líder uma pessoa mais simpática, pois o desenho de humor pode contribuir para humanizá-lo e torná-lo mais próximo do universo popular. Porém, as representações mais agudas, mais ásperas, constituem efetivamente ataques poderosos, e, o que é pior, difíceis de neutralizar. Mesmo que o autor do desenho possa ser punido, o dano já estará feito e, dependendo do caso, o governante ou líder em questão terá sua imagem para sempre associada a uma representação zombeteira.

A caricatura é antes uma arma de ataque do que de defesa: é na mordacidade que ela revela melhor o seu potencial. Existem caricaturas elogiosas, mas essas geralmente não têm brilho nem graça. As melhores são as que, para atingir o efeito cômico desejado, zombam impiedosamente dos personagens sob a mira do lápis do artista. Por isso, em geralmente as caricaturas políticas são dedicadas aos adversários, raramente aos líderes admirados.

Por que ser objeto de riso causa tanto desconforto? A explicação – parte dela, ao menos – já era conhecida dos pensadores da Antigüidade. A comicidade está ligada a uma operação mental de rebaixamento do outro, da pessoa de quem se ri.[9] Quando alguém ri de outrem está expressando uma sensação de superioridade desdenhosa, sentindo-se elevado em comparação a pessoas cujos defeitos ou deficiências são salientados, para exaltar suas próprias qualidades. Tornar algum personagem alvo de derrisão significa apontar nele debilidades ou falhas, ou apresentá-lo em situações ridículas, realçando suas fraquezas.

O riso zombeteiro, a derrisão, implica uma atitude desrespeitosa, diríamos hoje politicamente incorreta, muitas vezes baseada em sentimentos preconceituosos. Ri-se de defeitos ou deformações físicas – cabeça grande, nariz protuberante, boca desdentada – ou de supostas fraquezas morais e de espírito – gula, estupidez, ingenuidade etc. Vale ressaltar: o riso pode ser mobilizado tanto por sentimentos favoráveis à mudança, ao progresso, à liberdade quanto pode ser utilizado como arma a favor do conservadorismo.[*] A sensibilidade conservadora ridiculariza as reivindicações femininas, os grupos sociais ou étnicos dominados e os projetos políticos revolucionários. Como toda arma de ataque, o riso pode ser utilizado por qualquer tipo de combatente; o único requisito é possuir talento.

Os teóricos que se debruçaram sobre o tema apontam outros tipos de fonte para o riso, como a criação de efeitos de contraste ou surpresa, marcados pela inversão de expectativas. Reside aí a explicação para rirmos de quedas abruptas, de quadros cômicos em que um homem grande apresenta voz fina, de armas que atiram água em vez de de matar, de adultos trajados como crianças etc. Há um debate antigo sobre a existência de dois tipos de riso: um mau e outro bom. O primeiro seria o riso zombeteiro, escarnecedor, primitivo, que mobilizaria sentimentos agressivos e se basearia no rebaixamento do outro. Tratar-se-ia de derrisão, ou seja, nesse caso, rir significa sempre rir de alguém. É o riso barulhento, desbragado, sem limites: a gargalhada. O riso positivo seria uma manifestação mais moderada, mais contida, inspirada em sentimentos mais refinados e civilizados, mobilizando de preferência a ironia. Esse tipo de riso, que para alguns

[*] Embora muitos autores tendam a privilegiar a comicidade proveniente do campo progressista ou de esquerda, a verdade é que a sensibilidade conservadora também usa muito o humor para atacar seus adversários. Podemos citar, como exemplo, Jonathan Swift e as *Viagens de Gulliver*, livro em que esse intelectual *tory* ridiculariza várias das teses liberais.

pensadores corresponde ao humor, não é zombeteiro nem agressivo, e provoca simpatia ao invés de escárnio.

O riso agressivo e destrutivo, a derrisão, guarda estreita proximidade com o universo do grotesco. A palavra, cunhada no Renascimento, surgiu para designar estranhas formas de representação artística do período romano que começaram a ser descobertas em escavações – daí a etimologia de grotesco, derivação de gruta.[10] Grotesco tornou-se sinônimo de estranho, bizarro, extravagante, deformado, feio, monstruoso e ridículo. Há quem sustente, e com certa dose de razão, que a caricatura pertence ao domínio do grotesco, por sua ênfase na deformação e no gosto pela hipérbole. Porém, nem tudo que é grotesco é cômico; determinadas expressões e representações não provocam riso, e sim desconforto e mal-estar. Existe uma fronteira tênue, no reino do grotesco, dividindo o cômico e o repulsivo. De todo modo, nas caricaturas que vamos analisar, a faceta grotesca está controlada, submetida aos padrões estéticos e morais da grande imprensa, que não poderia permitir alusões a temas sexuais ou escatológicos, por exemplo, tão comuns na produção do século XVIII e que continuam a ser mobilizados em publicações da imprensa alternativa.

Nesta pesquisa foram encontradas tanto obras afinadas com o riso zombeteiro, derrisório, às vezes próximas do grotesco, quanto desenhos que lançam mão de um humor mais sutil e refinado. No primeiro caso, temos exemplos que utilizam o recurso da zoomorfização, ou redução dos personagens a formas animais (figura 18), situações de inversão masculino/feminino (figura 19) e de infantilização de líderes políticos (figura 79). Pertencem ao segundo tipo, do riso sutil e leve, principalmente, caricaturas que fazem uso da ironia para suscitar comicidade e transmitir mensagens críticas. A ironia, tropo ou figura de linguagem das mais afeitas ao riso, consiste num tipo de discurso que coloca em contraste aparência e realidade. O efeito cômico da ironia decorre da percepção de que a mensagem aparente da imagem contradiz a realidade, a verdade escondida por trás das aparências. É o que vemos na figura 62: João Goulart/Papai Noel traz presentes ao povo brasileiro no Natal, mas no seu saco não há nada de bom, apenas "presentes de grego". Ou na figura 90, em que aparece Goulart como paciente sendo examinado pelo "médico" John Kennedy. Na verdade, o doutor não está preocupado com a saúde do doente, sua verdadeira pauta de exames é constituída de temas políticos preocupantes na ótica dos EUA.

Embora os laços entre o desenho caricatural e a comicidade sejam antigos e sólidos, nem sempre as caricaturas provocam riso. Algumas vezes elas são soturnas e perturbadoras, como a charge da figura 1. Ali, vemos uma figura ameaçadora de camponês, cujos dentes, quais presas de animal, trituram uma

FIG. 1 Augusto Bandeira. *Correio da Manhã*, 19.05.63, p.20. Fonte: BPUC/MG

massa de papéis representando as reformas prometidas e defendidas com eloqüência pelos políticos. O chargista, que parece pretender transmitir aos outros seu próprio medo, adverte para o risco de que a prometida reforma agrária chegasse tarde demais, enquanto um campesinato bárbaro, quase desumano, poderia estar em vias de transformar sua condição de excluído em força destrutiva. Não é por outra razão que ele colocou a foice na composição: ela está ali para evocar a possibilidade de uma revolução social pairando no ar.

O exemplo citado ajuda a dimensionar e compreender melhor as relações entre as caricaturas e o universo cômico, nem sempre coincidentes. Na minha opinião, o elemento central da caricatura política, o que a caracteriza, é a sua veia crítica. O recurso à sátira é muito freqüente, mas não obrigatório. Mais marcante é sua faceta de comentário crítico da política, uma crônica aguda dos acontecimentos e dos personagens apresentada por meio de imagens visuais.

A caricatura pode funcionar, simultaneamente, como crônica e interpretação, pois não é fácil separar o ato de informar e a ação de interpretar os eventos políticos.[11] Assim, o caricaturista, invariavelmente, ao comentar e relatar certos temas políticos, está também apresentando um ponto de vista. A caricatura torna-se um instrumento político, um meio de intervenção do autor na arena pública e uma expressão de suas idéias, às vezes partidárias. Freqüentemente, as caricaturas expressam, mais do que a opinião do autor, o ponto de vista do jornal ou periódico em que são publicadas. Para além do fato óbvio de que o desenhista tem motivos para estar afinado com os valores defendidos pelo jornal – embora algum tipo de autonomia pudesse existir em certos casos –, muitas caricaturas foram produto de debates na redação, gerando idéias que acabaram corporificadas nos desenhos. A famosa representação de Carlos Lacerda como corvo nasceu assim, fruto de uma idéia de Samuel Wainer, dono do jornal *Ultima Hora*, que foi burilada e executada por Lan. Na redação da *Tribuna da Imprensa*, de Carlos Lacerda, também ocorreram situações semelhantes, de modo que algumas das charges de Hilde refletiam a contribuição da equipe de jornalistas.

Além de sua função de comentário ou crônica política, as boas caricaturas também podem atuar como fonte de conhecimento e busca da verdade, pois estimulam o pensamento e a reflexão. Elas inquietam e desconcertam com seus lampejos de lucidez crítica, mesmo que possam descambar para o exagero e a crueldade. O riso irônico pode ser um instrumento a serviço da verdade e do conhecimento: eis um dos fundamentos do pensamento socrático.[12]

Por tomarem partido e apresentarem interpretações, algumas vezes com pretensão de trazer à tona a verdade que se tenta esconder, mesmo as caricaturas que não zombam ou ridicularizam podem ser incômodas para o poder. Na verdade, as relações entre este e a sátira política são mais complexas, não se resumem a uma atuação repressiva e censora, de um lado, e crítica e iconoclasta, do outro. Tampouco os ocupantes do Estado devem ser vistos sempre como vítimas do humor, que não é, necessariamente, uma força dissolvente da estabilidade política. O riso, já foi dito, pode ser útil ao poder, ao apontar equívocos e pontos frágeis a serem corrigidos por um governante sagaz. Há determinadas críticas que são enunciadas de modo mais suave se o meio utilizado for o riso, pois a ambigüidade do discurso cômico, principalmente na ironia, permite que a mensagem chegue aos ouvidos – no presente caso, aos olhos – do destinatário de maneira menos agressiva. Essa era uma das funções do bobo da corte: dizer ao rei certas verdades e expressar críticas que só poderiam ser toleradas sob forma satírica.

Em algumas circunstâncias, o riso pode servir para desanuviar o ambiente político nos contextos de crise, funcionando como válvula de escape para liberar tensões. Como um dos seus efeitos é conjurar o medo e a ansiedade,* ou pelo

* "As técnicas variaram, mas sempre rimos para zombar de nós, para acalmar nosso medo, para manifestar nossa simpatia, para reforçar nossos vínculos e para excluir." (Minois, Georges. *História do riso e do escárnio*, p.629)

menos lidar melhor com esses sentimentos, alguns autores falam dele como ópio ou narcótico. Seja como for, permanece uma zona de ambigüidade no que toca à discussão sobre os efeitos políticos da comicidade e do humor. Dependendo do contexto, o riso pode tanto colocar lenha no fogo da revolta como desmobilizar os espíritos e acalmar os ânimos.

Os políticos aprenderam a lidar com as caricaturas, tolerar suas impertinências e, às vezes, simular indiferença e bom humor. A zombaria não é, necessariamente, uma ameaça direta ao poder e, de qualquer modo, os governantes de Estados democráticos estão impedidos, por força das garantias legais, de exercer censura ou repressão explícita a seus críticos. Mesmo sendo viável retaliar, nem sempre é inteligente fazê-lo, sob pena de aumentar o efeito do ataque e conferir celebridade a seu autor. As zombarias dirigidas a João Goulart não provocaram resposta agressiva da parte do presidente, e tampouco pode-se dizer que foram responsáveis por sua queda.

Entretanto, essas imagens ajudaram a construir um retrato desfavorável de Jango, realçando e atribuindo-lhe qualidades negativas. Nos momentos finais da crise, as representações caricaturais de Goulart, embora usando sua linguagem particular, convergiram para o estabelecimento de uma interpretação dramática da situação, em que o presidente aparecia como líder carregado de intenções sinistras. Contribuíram, assim, para tornar o golpe uma ação política justificável e mesmo desejável aos olhos de largas camadas da sociedade brasileira.

Os estudos dedicados às imagens têm como principal desafio teórico aquilatar se a representação visual traz algo de verdade, algo de real. Colocando o problema em outras palavras, trata-se de definir se é possível acreditar nas imagens, se é factível confiar nelas. É esse um dos temas clássicos da filosofia e da história da arte: as imagens são representações perfeitas e especulares da realidade ou não passam de projeção de desejos, convicções e temores do observador que, assim, constrói o mundo de acordo com suas visões? Há ainda uma posição intermediária que, em minha opinião, equaciona melhor o problema: as imagens construídas pelos homens seriam versões distorcidas da realidade, com capacidade, no máximo, de expressar aspectos do mundo sensível.

No presente caso, esse debate pode parecer deslocado; afinal, as caricaturas não têm a pretensão de representar o real, ou seja, de substituir ou fazer aparecer algo ou alguém ausente.[13] Elas são, declaradamente, distorções e deformações que, como vimos, podem exagerar a ponto de atingir as raias do grotesco. Mas as coisas não são assim tão simples. Embora carregue, zombe ou faça galhofa, a caricatura política aborda temas que sugerem lidar com a verdade ou, ao menos, com facetas dela. De outro modo, as caricaturas não teriam graça, pois, se seus argumentos não tivessem nenhuma relação com a realidade e não fossem levados a sério, elas seriam inteiramente inofensivas como discurso político, e não incomodariam ninguém.

O fundamento do efeito cômico e da crítica política satírica reside na revelação hiperbólica de características efetivamente presentes nas personagens retratadas. O traço é distorcido e uma orelha humana, por exemplo, aparece em proporções deformadas, associando um chefe de Estado à figura de um duende. Mas isso é possível, e aí está a graça, porque o modelo real tem de fato uma orelha pronunciada. O mesmo se dá em relação às cargas de natureza política. Quando João Goulart é retratado como um presidente tolerante com a esquerda e propenso a atitudes golpistas, o caricaturista está sugerindo isso mesmo, embora de modo indireto e metafórico. A representação é distorcida, caricata, mas a mensagem está lá, e essa maneira de o artista interpretar Goulart não é ingênua e, menos ainda, inofensiva.

As imagens nunca são representações perfeitas da realidade, nem mesmo em fotografias e filmes, e isso já foi demonstrado pelos teóricos. Porém, algumas vezes elas influenciam profundamente os acontecimentos, interferindo no desenrolar dos eventos e processos históricos. Na crise dos anos 1960, o modo como os atores políticos imaginaram os acontecimentos provocou enorme impacto. Em momentos de grande ansiedade e medo, determinadas construções imagéticas ou imaginárias adquirem foro de verdade incontestável, e as forças sociais são levadas à ação a partir de percepções distorcidas ou fragmentárias do contexto. As caricaturas fizeram parte – às vezes tomando partido – do debate político, e ajudaram a disseminar imagens correntes sobre os temas em disputa, notadamente representações dedicadas aos atores políticos principais. Graças aos elementos característicos à sua linguagem, elas contribuíram para levar os grandes temas políticos à percepção de público mais amplo, que não se deixaria sensibilizar apenas pelos discursos tradicionais.

Com isso, podemos responder a outra pergunta que inquieta os pesquisadores: as representações figuradas nos revelam algo que outros tipos de discurso já não tenham mostrado? Ou, de modo mais direto: o estudo desse material pode trazer algo de novo e relevante? As caricaturas não mostrariam apenas o que já sabíamos por outras evidências? Podemos responder enfatizando dois aspectos. Em primeiro lugar, a já mencionada feição popular da linguagem caricatural, que implicaria impacto sem-par na divulgação do debate político.

Segundo, e mais importante, a relevância reside no fato de esse tipo de iconografia mobilizar o humor como estratégia de comunicação e de crítica política. Ele lança mão de recursos cognitivos fora do alcance dos discursos políticos convencionais. Critica e faz rir de modo muito próprio, às vezes desconcertante e sutil. Que outra forma de discurso poderia comparar um presidente a uma mula (ver figura 15), através de poucos traços e de maneira que a agressão não pareça intolerável? Há casos, efetivamente, em que as caricaturas traduzem o discurso verbal para representação figurada, e o argumento principal do desenho é decalcado dos textos dos próprios jornais. Mas, mesmo assim, o argumento sofre alguma alteração, em decorrência da necessária adaptação à forma cômica. A caricatura, em alguns casos, diz, na essência, o mesmo que o discurso verbal. Mas o faz de outra maneira.

Este trabalho é devedor de duas disciplinas – ou metodologias de análise – integrantes do vasto campo das ciências humanas e sociais que se empenharam em construir um corpo teórico para lidar com as imagens visuais: a iconologia e a semiologia. Muito embora elas tenham privilegiado o estudo de imagens de outra natureza – a pintura, no primeiro caso, e a fotografia, no segundo –, é possível aproveitar e adaptar suas reflexões à análise das caricaturas. Suas propostas metodológicas e abordagens teóricas foram apropriadas de maneira seletiva; com isso, quero realçar que não partilho de todo o seu programa de pesquisa e pressupostos epistemológicos. Tampouco houve a preocupação de apresentar discussão aprofundada sobre os aparatos teóricos dessas áreas; apenas são mencionados os aspectos mais relevantes em função deste estudo, correndo o risco de excessiva simplificação.

A semiologia, área do conhecimento dedicada ao estudo dos signos, ocupou-se inicialmente do universo verbal e lingüístico, embora as reflexões de seus fundadores incorporassem também a problemática das imagens visuais. Charles Peirce, um dos pioneiros nesse campo, propôs uma tipologia básica para o estudo dos signos, que ele classificou em ícone, índice e símbolo. O ícone é um signo que representa seu objeto através de uma relação de similaridade (exemplo: pintura realista, desenho figurativo); o índice implica uma relação de contigüidade com o que ele representa (exemplo: fumaça para indicar o fogo, pegadas para indicar o caminhante); e o símbolo é um signo cuja conexão com seu objeto está baseada em convenção (exemplo: foice e martelo para comunismo, bandeira para os países). Não se deve supor que os diferentes tipos de signo apareçam em estado puro; muitas vezes uma mesma representação é composta da combinação entre eles. E isso aplica-se particularmente ao presente caso: nas caricaturas encontramos, com freqüência, o uso simultâneo dos três tipos de signo.

Devemos a Roland Barthes e a seus seguidores um maior desenvolvimento teórico da semiologia das imagens. Nos anos 1960, Barthes iniciou estudos propondo o uso de categorias da semiologia para estudar imagens visuais, possibilidade já inscrita nas reflexões iniciais de Peirce. Para os presentes fins interessam, em especial, as reflexões sobre os laços entre linguagem verbal e visual e a possibilidade de usar categorias de análise comuns aos dois campos. Ressalte-se que não se trata de reduzir o discurso das imagens ao discurso verbal, pois acredito firmemente que as caricaturas têm especificidades e singularidades que configuram uma linguagem própria. Trata-se de usar categorias de análise pensadas originalmente para o discurso das palavras em proveito da pesquisa com imagens visuais. Aliás, não é por outra razão que se tornou corrente a expressão "leitura das imagens". A convicção de que é possível ler imagens revela uma clara influência do paradigma lingüístico.

Nesse sentido, uma das possibilidades de análise mais interessante reside na percepção de que as caricaturas utilizam figuras de linguagem típicas do discurso verbal, como metáfora, metonímia e ironia. Já fizemos referência ao uso da ironia; vejamos agora, com mais vagar, os casos de metáfora e metonímia. No que toca às caricaturas, a figura utilizada com mais freqüência é, sem dúvida, a metáfora, que se constitui num dos mais eficazes meios que o discurso (verbal ou iconográfico) dispõe para comunicar idéias ao grande público.

As metáforas ajudam a explicar o mundo e a tornar os discursos mais compreensíveis. A metáfora e a ironia, tropos integrantes das estratégias discursivas da linguagem verbal, foram apropriadas pelo desenho cômico e adaptadas às peculiaridades da representação visual. Segundo uma definição clássica, "a metáfora consiste em apresentar uma idéia sob o signo de outra idéia mais evidente ou mais conhecida".[14] Através do uso de imagens familiares e amplamente conhecidas, as metáforas permitem levar à compreensão do espectador temas distantes ou abstratos. Quando bem construídas, produzem mensagens de alto poder comunicativo, capazes de sintetizar argumentos complexos e fazê-los chegar aos olhos do público com rapidez e eficiência. Por outro lado, são passíveis de provocar também efeitos cômicos, como na figura 43, em que o teatro é uma representação metafórica da política, ou na figura 96, em que a figura clássica do cavalo de Tróia serve de metáfora para denunciar o risco de infiltração comunista no Brasil.

Quanto à metonímia, ela consiste na figura de retórica em que o todo é representado por uma de suas partes, ou em que um objeto é designado por uma de suas características, como no uso da expressão "trinta velas" para significar trinta navios.[15] Como já foi dito, no interior do *corpus* documental da pesquisa encontrou-se com mais freqüência o uso de metáforas como estratégia de comunicação; porém, há também alguns casos em que foram utilizadas metonímias. Exemplos podem ser encontrados na figura 111, em que um tanque de guerra é utilizado para representar o Exército, ou na figura 56, que apresenta uma torre de petróleo para significar a Petrobras.

Outra contribuição teórica dos semiólogos útil para nossos propósitos é a distinção feita entre dois níveis de significação contidos nas imagens: denotação e conotação. Numa primeira dimensão, as imagens denotam uma determinada mensagem, que contém elementos de percepção direta e imediata para o leitor: os objetos e pessoas representados, os movimentos ou gestos presentes na cena, as cores etc. A mensagem denotativa é elementar, não demanda maior esforço para ser percebida. Já no caso da conotação temos um nível mais profundo de significação; a percepção e a compreensão não são diretas nem evidentes, exigindo maior esforço do olhar do observador. A mensagem conotativa evoca sentidos e sensações subjetivas, e para tanto geralmente mobiliza representações simbólicas. Evidentemente, a faceta mais interessante e difícil do trabalho com as imagens é identificar o que elas conotam, e tal operação analítica não estará isenta de polêmicas. Neste estudo, me ocuparei, em especial, de refletir sobre a dimensão conotativa presente nas caricaturas, relegando para segundo plano, na maioria dos casos, por considerar tal esforço desnecessário, o trabalho de apontar o que elas denotam.

Nas caricaturas encontra-se também algo já percebido por estudiosos em outros registros iconográficos: a justaposição de imagem e texto. O texto, que pode consistir em legenda, título ou mesmo a fala de personagens, cumpre a função de ajudar o espectador a identificar eventos ou personagens retratados. Os textos justapostos às caricaturas exercem a função que Barthes chamou de ancoragem. Eles servem de guia de leitura, dirigindo o olhar no sentido da compreensão desejada pelo autor. De fato, sem os títulos e as legendas algumas caricaturas ficariam confusas, dificultando a compreensão do leitor. Para além do papel de chave de leitura, algumas vezes o texto entra na composição da mensagem principal, inclusive contribuindo para o efeito cômico.

Quanto à iconologia, trata-se de método para estudo das imagens elaborado por historiadores da arte nas décadas de 1920 e 1930, com destaque para Erwin Panofsky. Segundo essa proposta, as imagens devem ser interpretadas com base em erudito conhecimento das fontes de época, bem como domínio da linguagem artística e da tradição pictórica, para assim revelar o significado profundo da obra. A iconologia foi elaborada para o estudo das artes plásticas, notadamente a pintura, porém é possível retirar dela inspiração para trabalhar com caricaturas. É útil, sobretudo, a ênfase em tentar compreender a(s) mensagem(ens) contida(s) na imagem, tratando-a como documento que contém informações a serem decifradas e submetidas à crítica. É curioso notar que o método iconológico guarda alguma semelhança com a proposta semiológica, embora pertençam a campos teóricos bastante distintos. A proposta de Panofsky de distinguir a descrição iconográfica da interpretação iconológica, esta implicando um nível mais profundo de reflexão, com pretensão de extrair sentido da obra,[16] lembra a distinção dos semiólogos entre denotação e conotação.

O enfoque iconológico foi duramente questionado desde então, acusado, entre outras coisas, de incorrer em especulações excessivas na tentativa de compreender as intenções do artista e generalizar em excesso ao supor que algumas obras poderiam refletir o pensamento de grupos sociais inteiros. Tais críticas têm sido relativizadas em trabalhos recentes, e a contribuição de seus idealizadores devidamente reconhecida. Tampouco a semiologia está imune a polêmicas, pois foi criticada por incorrer em excessos estruturalistas que levariam a interpretações rígidas das imagens, incapazes de perceber a singularidade e a riqueza de significados nelas contidas.[17]

Estou atento aos limites e impasses teóricos dos dois métodos referidos; no entanto, tais restrições não afetam diretamente a proposta de análise apresentada neste estudo. Interpretar caricaturas pode ser tarefa mais simples que decifrar pinturas renascentistas, embora não necessariamente menos polêmica. Para desvendar o sentido dos desenhos cômicos não é preciso atingir níveis elevados de abstração, tampouco se demandam grandes doses de especulação ou intuição. Afinal, os caricaturistas desejam ser compreendidos pelo público comum, o que não ocorre com todos os artistas plásticos. Muitas vezes a caricatura usa artifícios metafóricos, mas quase sempre se trata de figuras de linguagem simples, ao alcance da compreensão popular.

Em alguns casos, a mensagem contida na figura é evidente, tornando desnecessário e redundante qualquer esforço interpretativo. Porém, certas figuras merecem mais atenção, seja por usarem recursos mais sofisticados, seja por retratarem personagens e atores cuja identificação exige pesquisa atenta. Seguirei uma das lições fundamentais dos formuladores do enfoque iconológico, que advertiam para a importância de observar a imagem em seus menores detalhes. A chave para a compreensão adequada de um registro iconográfico pode estar em um pequeno detalhe (um símbolo, uma expressão facial), e um descuido do historiador pode fazer grande diferença. Para usar uma conceituação cara à semiologia, nesta análise das caricaturas vou me ater com mais cuidado à conotação, ou seja, àquela dimensão da imagem que carrega significados indiretos e sutis, sujeitos a interpretação e, por vezes, a divergências.

Utilizar caricaturas como fonte implica um duplo desafio ao pesquisador: interpretar as imagens sem cair no óbvio e referir-se a peças de humor sem tirar-lhes o efeito cômico. Como se sabe, nada mais sem graça que explicar uma piada; se o ouvinte/espectador não entendeu da primeira vez, uma explicação detalhada só pode provocar riso insosso e constrangido. Uma vez que o objetivo principal deste trabalho não é divertir o leitor, e sim apresentar uma análise da crise pré-1964 a partir de um conjunto de caricaturas que oferece uma crônica política do período, privilegiamos, quando pareceu necessário, a clareza em detrimento do humor. Parafraseando conhecido dito cômico, e invertendo seu sentido original, prefiro perder uma boa piada a perder o fio da análise.

Personagens 1

O propósito do livro não é enfocar individualmente os personagens políticos com atuação destacada no período. Como já foi dito, a proposta é abordar o período pré-1964 e interpretar o contexto e o golpe a partir da produção caricatural. Não obstante, é impossível realizar essa análise sem mencionar, ainda que brevemente, os atores políticos em cena, cujos perfis foram traçados pelos lápis acurados dos praticantes do humor gráfico. Alguns desses personagens mereceriam investigações específicas, dada a riqueza do material caricatural existente sobre eles, notadamente o próprio João Goulart, do qual se falará mais um pouco adiante e que, evidentemente, aparecerá com destaque nas páginas seguintes, embora este não seja um estudo voltado somente para ele. Além de Jango, três outros personagens devem ser destacados dada a quantidade de caricaturas que inspiraram: Carlos Lacerda, Leonel Brizola e Clementino San Tiago Dantas.

Lacerda inspirou um apodo crítico que encontrou rápida e fácil acolhida na linguagem da caricatura: o corvo. A ave é vista no imaginário ocidental como bicho agourento, sinistro e, geralmente, companheiro de bruxas. A idéia casava-se com a imagem de destruidor de presidentes atribuída a Lacerda, que tivera importante participação na crise final do governo Vargas, culminada em suicídio, e na renúncia de Jânio Quadros. Na verdade, o apelido surgiu ainda antes do suicídio de Vargas, através de uma caricatura desenhada por Lan a partir de sugestão do jornalista Samuel Wainer.* Após

*O episódio que suscitou a imagem do corvo foi uma morte também, só que de um jornalista, espancado por um policial carioca no início de 1954. Carlos Lacerda acusou o governo Vargas de responsável pelo crime, de uma maneira que seus adversários consideraram oportunista. Daí surgiu a idéia de associá-lo ao corvo, para sugerir uma figura sinistra que se regozija com a desgraça. Ver o livro de John W.F. Dulles, *Carlos Lacerda*.

a morte trágica de Vargas, a associação entre a imagem de Lacerda e o corvo consolidou-se, e ficou ainda mais convincente pela sua participação na renúncia de Quadros.* Como os dois eventos – suicídio e renúncia – ocorreram em agosto, mês tido por aziago, a imagem do Lacerda agourento ganhou mais força. Ele participaria ainda da deposição de Goulart, mas então o apelido já existia, e havia sido até incorporado por defensores de Lacerda que, desse modo, adotavam a estratégia de tentar esvaziar o conteúdo crítico do ataque por meio de sua apropriação.

Carlos Lacerda construiu sua carreira pública, inicialmente, como jornalista polêmico, fundador do jornal *Tribuna da Imprensa*, em cujas páginas atacava com virulência seus inimigos, principalmente Vargas e seus seguidores, assim como os comunistas. Entrou para a política parlamentar como deputado federal, em 1954, após breve passagem pela Câmara Municipal do Rio de Janeiro (1947). Em 1960, tornou-se o primeiro governador eleito do Rio de Janeiro, então Guanabara, e, nessa condição, teve participação destacada nos embates políticos daqueles anos, tornando-se a principal voz pública de oposição a João Goulart e aos grupos de esquerda que apoiavam o presidente gaúcho.

IDÉIA FIXA – ***JANGO* — *Acho natural que os senhores queiram sentar-se na cadeira do Presidente; o que eu não admito é que ALGUÉM... queira EMPOLEIRAR-SE nela!...***

| FIG.2 Theo. *O Globo*, 28.02.64, p.3. Fonte: HPMG

---

*A crise que culminou na renúncia de Jânio Quadros começou quando Lacerda, falando na televisão, denunciou que o presidente pretendia dar um golpe. Para alguns observadores, a denúncia de Lacerda precipitou a decisão de Quadros de renunciar à presidência.

Um exemplo da utilização da figura do corvo pode ser visto na figura 2, uma caricatura de Theo, um dos grandes nomes do desenho cômico no Brasil. Seu estilo, forjado nas primeiras décadas do século XX, contrastava com o traço dos jovens caricaturistas em ação nos anos 1960. Nos desenhos de Theo, os políticos aparecem trajados de modo sóbrio, às vezes ao estilo clássico, quase sempre usando ternos ou fraques, e o cenário e a composição lembram a piada de salão, inclusive pela linguagem comedida e o humor sutil e moderado. Nesse caso, aparece Goulart, sentado na cadeira presidencial, dialogando com vários candidatos a ocupar o mesmo lugar: Carvalho Pinto, Magalhães Pinto, Ademar de Barros e Juscelino Kubitschek. Jango diz ao grupo que acha naturais suas pretensões, apenas não aceita a candidatura de alguém que deseja empoleirar-se no poder. Essa pessoa, naturalmente, é o "corvo", que, aliás, está postado num poleiro atrás de Goulart, e assiste à cena com olho comprido.

A figura 3 reproduz outra representação cômica de Lacerda, agora retratado como o imperador romano Nero, que coloca fogo na cidade, ou seja, no espaço público, na política, e aprecia calmamente o cenário. Trata-se de uma interpretação do desenhista Augusto Bandeira, que vê em Lacerda o político que atiça a crise, estimula-a, para dela se beneficiar. Daí a calma com que admira o espetáculo das chamas, na posição de quem espera o desenrolar dos acontecimentos com tranqüilidade e otimismo. Outra possibilidade de interpretar a imagem é a partir das críticas à remodelação urbana do Rio de Janeiro implantada por Lacerda. Ele removeu algumas favelas de regiões centrais da cidade, reinstalando os mo-

FIG.3 Augusto Bandeira. *Correio da Manhã*, 26.01.64, p.6. Fonte: BPUC/MG

radores em conjuntos habitacionais na periferia. Pelo menos uma das favelas foi destruída por um incêndio criminoso, deixando no ar a suspeita de que teria sido provocado por ordem do governador. No desenho, abaixo do morro que arde em chamas, ao lado de um túnel, vemos pessoas caminhando com seus pertences sobre a cabeça, como se estivessem de mudança.

Aqui ocorre algo comum na caricatura do período, e vários outros exemplos aparecerão ao longo do livro: o uso de metáforas retiradas do mundo clássico para falar da política contemporânea, uma forma simultaneamente refinada e popular de construir o discurso satírico, já que as imagens escolhidas são quase sempre as mais familiares do grande público.

Leonel Brizola, outro personagem de grande expressão pública no período, alcançou uma posição de proa na política nacional graças às suas ações como governador gaúcho (1958-62). Eleito pelo Partido Trabalhista Brasileiro, enveredou por uma interpretação radical do legado de Vargas, enfatizando sua faceta nacionalista e popular. Como governador, Brizola notabilizou-se pela adoção de medidas nacionalistas contra empresas estrangeiras e, principalmente, por sua liderança na campanha da legalidade, que mobilizou grupos favoráveis à posse de Goulart em meio à crise detonada pela renúncia de Jânio Quadros. Alçado à condição de líder nacional das esquerdas, Brizola candidatou-se a deputado federal pelo estado da Guanabara em 1962, obtendo votação impressionante. Agindo como porta-voz dos defensores de reformas "na lei ou na marra", o deputado gaúcho atraiu bastante atenção, colhendo admiradores à esquerda e inimigos à direita. As caricaturas a ele dedicadas enfatizam prin-

FIG.4 Lan.
Jornal do Brasil, 05.02.63, p.3. Fonte: HPMG

cipalmente seu perfil radical, que transparece na composição das feições, quase sempre agressivas, e na maneira de se comportar frente aos interlocutores.

Na figura 4, Brizola aparece em situação de confronto com Amaral Netto, deputado da União Democrática Nacional (UDN) carioca. Fidelis Amaral Netto, um jornalista que, inicialmente, se projetou na política como seguidor de Lacerda, passou em seguida a disputar com seu mentor o papel de campeão na luta contra a esquerda e os comunistas. Protagonizou vários embates contra os militantes de esquerda, e encontrou em Brizola um adversário de peso. Na caricatura, a briga dos dois contendores tem como pano de fundo o Congresso Nacional, e eles usam as famosas cúpulas projetadas por Oscar Niemeyer como instrumentos de agressão. Na figura 5 aparecem o mesmo tema e personagens, agora retratados como galos de briga.

| **FIG.5** Augusto Bandeira. *Correio da Manhã*, 05.02.63, p.12. Fonte: BPUC/MG

O futebol é a metáfora utilizada por Lan na figura 6, num desenho que usa ironia fina e linguagem popular para familiarizar o grande público com as disputas travadas entre os apoiadores dos projetos reformistas. O tema é a célebre formulação de San Tiago Dantas acerca de duas esquerdas, a positiva e a negativa, em que a primeira seria mais construtiva, por aceitar compromissos tendo em vista a viabilização das reformas, enquanto a outra seria radical e irascível, colocando obstáculos à efetivação das mudanças por via negociada. Ao elaborar a imagem de esquerda negativa, Dantas tinha em mente principalmente Brizola,

Brizola — *Que negócio é êsse de esquerda positiva e esquerda negativa?*
San Tiago — *Pepe e Escurinho...*

FIG.6 Lan.
Jornal do Brasil, 17.04.63, p.3. Fonte: HPMG

que na caricatura aparece interpelando-o, de dedo em riste, enquanto o advogado e diplomata, acuado, sai pela tangente e enrola o deputado com uma resposta marota: a esquerda a que se referia não era a política, e sim a do futebol, e o positivo ou negativo seriam alusivos às qualidades boas ou ruins dos pontas-esquerdas Pepe e Escurinho.

Chama a atenção o grande número de caricaturas sobre Dantas publicado naqueles anos, em volume desproporcional à sua real influência política. Esse intelectual e político de estilo mineiro, que na juventude havia sido integralista, aproximou-se da esquerda no final dos anos 1950, quando se elegeu deputado pelo PTB. Com a ascensão de Goulart à presidência, Dantas tornou-se um de seus principais assessores, tendo ocupado as pastas das Relações Exteriores e da Fazenda. No comando do Itamaraty, consolidou a política externa independente que levou ao reatamento de laços diplomáticos com a URSS (rompidos em 1947) e a uma atitude de apoio velado a Cuba. Tais atitudes tornaram-no muito impopular à direita, e atraíram ataques violentos, inclusive de setores da grande imprensa. No início de 1964, num momento em que já não ocupava cargos, Dantas esforçou-se por encontrar saída para a grave crise em curso, na tentativa de evitar a ruptura institucional já desenhada no horizonte. Lançou a idéia de constituir uma frente ampla que deveria reunir forças de esquerda e de centro em apoio a um programa factível de reformas sociais, um bloco capaz de dar sustentação a Goulart e isolar os radicais. A proposta da frente ampla foi colhida em fogo cruzado, atacada de todos os lados, e com ela soçobrou uma das últimas chances de evitar o desfecho golpista.

Na figura 7, Dantas é retratado em trajes de homem do campo, que pode ser tanto uma referência ao caipira quanto ao camponês. No desenho, ele segura um convite para o Baile do Municipal (o teatro está ao fundo), um dos principais eventos carnavalescos do Rio, e o lança-perfume numa das mãos confirma a alusão à festa de Momo. Ele está fantasiado, portanto, fazendo-se passar por camponês pobre, num contexto de acirramento das lutas no campo. A utilização da foice, um símbolo muito usado nas caricaturas do período, significa a presença do comunismo, cujo apoio a Dantas era denunciado por críticos de direita. Nas entrelinhas, a imagem quer mostrar o caráter artificial das idéias esquerdistas do personagem, como se elas não combinassem bem com a figura. A imagem permite outra interpretação, que não exclui a primeira: tratar-se-ia de um roceiro, um caipira perplexo na cidade grande. Seu ar de ingenuidade sugere alguém que está deslocado, fora do lugar, e essa inadequação poderia ser aplicada também à sua orientação política esquerdista, inapropriada ao seu perfil.

A caricatura reproduzida na figura 8 aborda tema semelhante e reforça a interpretação anterior. San Tiago Dantas, agora com o terno habitual, segura os dois elementos do símbolo clássico do comunismo, a foice e o martelo. Mas sua expressão facial, assim como a maneira como maneja os objetos (com a ponta dos dedos), conota uma sensação de desconforto, de alguém que não está habituado a manipulá-los. É um político que

FIG.7 Augusto Bandeira. *Correio da Manhã*, 22.02.63, p.18. Fonte: BPUC/MG

FIG.8 Lan. *Jornal do Brasil*, 20.04.63, p.4. Fonte: HPMG

| **FIG.9** *Maquis*. Fonte: BN

| **FIG.10** Augusto Bandeira. *Correio da Manhã*, 04.04.62, p.1. Fonte: BPUC/MG

pretende usar o comunismo, mas não sabe direito como fazê-lo por se tratar de algo estranho à sua natureza.

Vários outros personagens tiveram presença marcante nas caricaturas do período, e eles vão aparecer ao longo deste livro: Ademar de Barros, Magalhães Pinto, Tancredo Neves, Jânio Quadros, Juscelino Kubitschek, Miguel Arraes, Celso Furtado, Darcy Ribeiro, Amaral Peixoto, Abelardo Jurema, João Calmon, entre outros. Como seria de se esperar, os caricaturistas abordavam também temas internacionais, principalmente quando tinham ligação com a política nacional. Fidel Castro, Nikita Kruschev, John F. Kennedy e Charles de Gaulle, principalmente, foram retratados com muita freqüência, propiciando representações caricaturais de impacto, como se verá nas páginas seguintes.

A figura 9 reproduz uma representação hilária do ex-presidente Juscelino Kubitschek, mostrado como presidiário. A cena revela o desejo mais profundo dos inimigos de JK: vê-lo preso devido às práticas de corrupção de que o acusavam, sobretudo na construção de Brasília.

Na imagem seguinte aparece outro ex-presidente, Jânio Quadros, com uma interpretação irônica e zombeteira sobre a identidade real das "forças ocultas" responsáveis, segundo ele, por sua renúncia. Essa caricatura inspirou-se em uma manifestação pública de Quadros a respeito dos pedreiros, que a imprensa considerou demagógica. O ex-presidente tentava retornar à política após o episódio da renúncia, e em um evento teria afirmado que os pedreiros, trabalhadores dedicados, não deixavam o trabalho para "umas e outras". A caricatura parece querer dizer que se Jânio fosse pedreiro ele não seria um operário tão sóbrio assim...

Um personagem curioso que surgiu nesse período foi o "gorila", figura que continuaria a povoar o imaginário social – principalmente nas representações das esquerdas – nos anos seguintes, servindo para criticar e denunciar o autoritarismo da ditadura militar. Tanto quanto foi possível apurar, essa representação surgiu nos primeiros anos da década de 1960, em meio à polarização ideológica típica da época. A construção do "gorila" enquadra-se perfeitamente nas teorizações clássicas do riso, pois se tratava de zombar do outro através do rebaixamento grotesco, nesse caso representando o inimigo político como um animal. E a besta não foi escolhida de maneira aleatória: o gorila sugere um ser dotado de força maciça, brutal, mas ao mesmo tempo – e aí reside parte do efeito cômico – evoca a idéia de rudeza, de ignorância.

O gorila seria uma síntese de brutalidade e estupidez, ou seja, tão forte quanto burro. E essa é uma imagem corrente no pensamento progressista e de esquerda: a presunção de que à direita encontram-se as forças do atraso, da ignorância e da repressão. O gorila passou a representar o conjunto das forças de direita, mas em sua formulação original tratava-se de referência específica aos militares direitistas, considerados golpistas por excelência.

É provável que essa figura caricatural tenha sido importada da vizinha Argentina, que em março de 1962 viu um golpe militar derrubar o presidente Arturo Frondizi. Os militares responsáveis pela ação golpista começaram a ser chamados de gorilas, e o termo parece ter imediatamente entrado em uso no Brasil. Augusto Bandeira pode ter inaugurado o tema em nosso país, ao publicar uma caricatura (figura 11) que interpreta o golpe na Argentina. Os gorilas (alguns são mais pro-

FIG.11 Augusto Bandeira. *Correio da Manhã*, 22.09.62, p.1. Fonte: BPUC/MG

priamente chimpanzés), trajando farda militar, atacam a democracia argentina, representada como uma mulher. A cena, apesar do viés cômico suscitado pelas figuras simiescas, tem um toque acentuadamente sombrio, afinal, trata-se de uma violação, posto que os gorilas estão arrancando as roupas da moça. É uma construção metafórica que associa o estupro sexual ao estupro político.

Em pouco tempo a imagem do gorila associada aos militares brasileiros começou a circular, como na figura 12, em que Jaguar interpreta o "gorilismo" à luz do carnaval. A galhofa dirige-se às forças de direita de modo geral, e são atacados, simultaneamente, Lacerda e os gorilas. O governador aparece como um porta-bandeira de escola de samba usando a suástica nazista como símbolo, e comanda um cordão carnavalesco de gorilas, o "bloco reacionário". Por ser considerado um aliado dos militares de direita, Lacerda começou a ser chamado de gorila também. No comício da Central do Brasil, em 13 de março de 1964, um dos cartazes mais visíveis em meio à multidão trazia uma caricatura de Lacerda como gorila. Enfim, nas publicações da esquerda apareceram dezenas de referências semelhantes, e essa representação continuou a ser usada pelo menos até a década de 1970.

No caso do gorila, há possibilidades interessantes de analisar as maneiras como a imagem foi recebida e apropriada pelo público. Um modo de estudar a

FIG.12 Jaguar. *Ultima Hora*, 28.03.64, p.3. Fonte: BN

recepção das caricaturas é examinar a reação do objeto da crítica. Se ele esboça alguma resposta, isto é indício de que elas tiveram repercussão, causaram incômodo. Em meados de 1963, um grupo de oficiais das Forças Armadas criou um boletim anticomunista chamado *O Gorila*. Ali assumem espontaneamente o epíteto, que definem como "todo oficial ou praça que não se presta às manobras comunistas".[1] A intenção era esvaziar o sentido crítico e zombeteiro de "gorila", na medida em que os próprios atacados se apropriavam da palavra. Com isso, a gozação perdia um pouco da graça. De qualquer maneira, o episódio revela que as construções visuais (e verbais) em torno do gorila alcançaram repercussão; de outro modo, não haveria por que tentar desmontar o seu sentido crítico.*

Não há dúvida, porém, de que o principal personagem retratado nas caricaturas daqueles anos foi o presidente João Goulart. Jango não era um tipo humano fácil de caricaturar, não possuía características físicas marcantes, que pudessem ser distorcidas pelos artistas na composição de retrato de fácil identificação e assimilação pelo público. Outros políticos de projeção na época deram menos trabalho aos artistas, como Tancredo Neves, San Tiago Dantas, Jânio Quadros ou o próprio Carlos Lacerda. Por essa razão, muitas pessoas teriam dificuldade, hoje, de reconhecer João Goulart nas caricaturas. Na verdade, ele tinha uma marca física forte: Goulart mancava de uma perna, resultado de uma queda de cavalo. A arte da caricatura, e aí reside a fonte principal do riso, consiste em identificar e realçar o assimétrico e disforme, retratando de maneira exagerada características tidas como salientes ou defeituosas. Mas essa deformidade física de Jango foi poupada pelos caricaturistas, que não a exploraram em seus desenhos. Vale a pergunta: por quê? A razão mais provável é que, se tivessem atacado por esse lado, teriam rompido os frágeis limites que distinguem, no universo do grotesco, o cômico do repulsivo. Mostrar um presidente da República coxo talvez não provocasse riso, e sim desconforto e mal-estar.

O único traço físico realçado e exagerado nas caricaturas de Jango é uma calvície incipiente. A maioria das representações dedicadas a ele explora esse ponto: os cabelos do alto da cabeça aparecem ralos e, às vezes, levemente ondulados. Aparentemente, incomodava a Goulart o fato de estar perdendo os cabelos, pois fontes da época registram que ele usava produtos para combater a calvície.[2] Nesse caso, certamente, os caricaturistas estavam atacando o presidente num ponto

* Não há espaço para aprofundar o tema, mas seria interessante analisar o uso do "gorila" no contexto da ditadura militar.

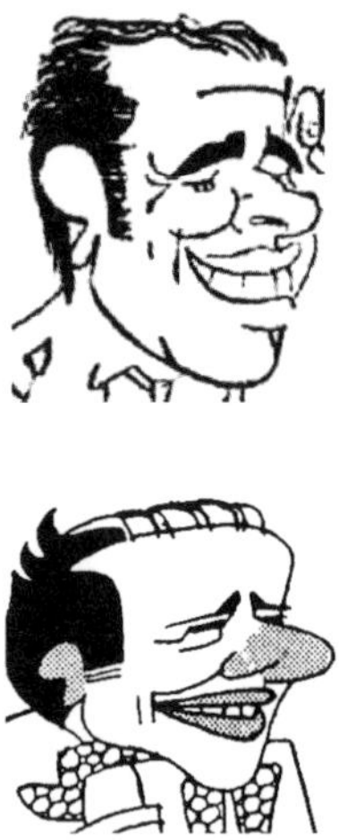

FIG. 13 Retratos caricaturais de João Goulart

sensível. Além da falta dos cabelos, as caricaturas tendiam a retratá-lo com um rosto rechonchudo e um nariz proeminente, mas nada acentuado o suficiente para conferir uma marca distintiva. Se observarmos com atenção os retratos caricaturais de Goulart feitos por alguns dos mais expressivos artistas do período, como Lan, Augusto Bandeira, Hide e Theo, por exemplo, poderemos notar, apesar das diferenças de estilo, certa convergência no estabelecimento dos traços essenciais do personagem. Nota-se uma espécie de esquema básico, decorrente da necessidade de elaborar um padrão que pudesse ser reconhecido pelo grande público (na figura 13, uma montagem feita a partir de retratos caricaturais de Jango produzidos por diferentes artistas: Lan, Hilde, Augusto Bandeira, Biganti, Adail e Theo).

Alguns artistas tentaram captar traços de caráter atribuídos a Goulart, como certo retraimento e timidez, associados à amabilidade. Dizia-se que o presidente dificilmente encarava os interlocutores nos olhos, preferindo fixar a atenção em algum objeto ou olhar para o chão enquanto conversava, quase sempre sorrindo. Muitas caricaturas apresentam-no exatamente assim: olhos fechados, ou voltados para o chão, com um rosto sorridente. Essa personalidade tímida, que alguns explicavam como fruto da modéstia, combinava-se com malícia política e talento para negociação. Dessa malícia atribuída a Goulart derivaram muitos dos ataques que recebeu, parte deles retratando-o como homem sem escrúpulos na busca de seus objetivos. Podemos notar aqui a presença de um paradoxo: ora Jango era retratado como ingênuo e trapalhão, um político incapaz de conduzir o país em meio a crise tão grave, fazendo papel de tolo e joguete nas mãos de forças superiores, ora o criticavam por ser malicioso e ardiloso.

Naturalmente, a proeminência da figura de João Goulart na produção caricatural decorria de seu papel central no desenrolar dos embates políticos da época. Sua ascensão à presidência ajudou a agravar a instabilidade política que caracterizou o regime implantado em 1946,* e contribuiu para o acirramento da polarização ideológica. A eclosão dessa crise, que levaria ao golpe de 1964, deveu-se à percepção, comum à direita e à esquerda, de que Jango impulsionaria a luta pelas reformas sociais.

No campo conservador, a perspectiva dominante era que Goulart seria uma figura perigosa. Por um lado, era malvisto dada sua condição de herdeiro do legado varguista, com tudo o que esse título implicava, ou seja, a defesa de posturas populistas, nacionalistas e simpáticas ao intervencionismo estatal. Goulart surgiu no cenário nacional graças ao apadrinhamento de Vargas, que o nomeou ministro do Trabalho em 1953, quando tinha 35 anos. Com a morte de seu patrono, João Goulart herdou o comando do PTB e procurou atrair o apoio da grande massa de seguidores de Vargas e do trabalhismo. Na perspectiva da direita, além do fato de ser o herdeiro político do varguismo/trabalhismo, o que já seria bastante para torná-lo *persona non grata*, Jango tinha outra característica particularmente ameaçadora: os laços que nutria com grupos de esquerda, notadamente o Partido Comunista.

Em resumo, na ótica conservadora Goulart era um demagogo, autoritário e protetor dos comunistas. Temia-se que seu governo abrisse as portas para o fortalecimento de projetos reformistas e, no limite, revolucionários. Especulava-se sobre a possibilidade de que seus interesses e alianças o levassem a instaurar uma ditadura com perfil esquerdista, uma espécie de Estado Novo com roupagens populares, ou, em outra hipótese aventada com muita freqüência por seus detratores, que ele se tornasse um Perón brasileiro.

Para a esquerda, ao contrário, a imagem de Goulart era positiva. Ele era considerado um político sensível aos anseios populares e preocupado com a gravidade dos problemas sociais que dilaceravam o país. Sobretudo, fator muito importante dada a natureza dos embates políticos do período, Jango atraía simpatia em função de seu apoio às teses nacionalistas. Não se deve supor que no campo da esquerda não houvesse críticas ao líder gaúcho. Ele era atacado também, só que com argumentos diferentes dos utilizados pelos conservadores: reclamava-se de sua indeci-

* É comum encontrar referências positivas a esse período republicano, especialmente quando se faz um contraste com o regime militar subseqüente. Não obstante, a fase entre 1946 e 1964 teve como marca a instabilidade: dos cinco presidentes que ocuparam o cargo, apenas dois concluíram o mandato.

são em engajar-se com toda a força no projeto reformista; com freqüência, criticavam-no por adotar posições ambíguas, inspiradas numa estratégia de agradar aos dois lados (ou blocos) em conflito. De qualquer modo, os ataques provenientes da esquerda eram menos freqüentes e mais leves que os da direita. No clima de polarização da época, as forças situadas à esquerda do espectro político tendiam a considerar Goulart antes um aliado do que um adversário.

A percepção dos atores políticos acerca de João Goulart foi fator decisivo na dinâmica dos acontecimentos. Dada a tradicional hipertrofia do Poder Executivo no Brasil, os contendores na arena política tinham uma expectativa muito forte em relação ao ocupante da presidência da República. Daí o seu perfil e as suas atitudes serem considerados estratégicos para a definição dos lances dos atores do jogo político. No que tange à percepção dos grupos conservadores, a imagem ameaçadora que faziam de Goulart foi decisiva para a eclosão do golpe que o derrubou do poder. E isso tanto porque tal percepção estimulou a liderança golpista a decidir-se a favor da intervenção quanto por ter sido argumento importante para convencer a sociedade (parte dela, ao menos) de que era legítimo retirar Goulart da presidência. Entenda-se bem, não se está dizendo que esse foi o principal e muito menos o único fator a precipitar o golpe; apenas que a imagem atribuída a Jango foi elemento importante na formação da crise e, conseqüentemente, do golpe.

Daí a relevância de analisar as representações de Goulart construídas pelos caricaturistas na imprensa. Veremos como os temas e argumentos explorados nas caricaturas dialogavam com as imagens elaboradas acerca do presidente, notadamente as negativas: as críticas e acusações que lhe eram dirigidas e os temores que despertou. Em outras palavras, através do estudo das caricaturas inspiradas no governo Goulart e no contexto político, analisaremos as representações divulgadas pela imprensa sobre esse líder e seus aliados, em busca de uma melhor compreensão dos embates políticos que culminaram no golpe de 1964.

2 O interregno parlamentarista

O governo João Goulart já começou sob o signo da crise. Jango foi eleito vice-presidente nas eleições de 1960, quando vigorava peculiar legislação eleitoral. A lei estabelecia que os candidatos a presidente e a vice concorriam separadamente, de modo que era possível eleger uma dupla "desafinada", ou seja, o vice e o titular do maior cargo da República poderiam ser adversários políticos. A lei permitiu o estabelecimento de delicada situação, pois o substituto constitucional do presidente Jânio Quadros era um político em completo desacordo com suas idéias. Jânio elegera-se com apoio da UDN, sob a promessa de varrer do país a influência das forças políticas cujo representante máximo, naquele momento, era exatamente Goulart: o trabalhismo, a estrutura sindical ligada ao Estado, em suma, a herança de Vargas.

Num lance dramático e ainda pouco esclarecido, Jânio resolveu renunciar ao cargo, no fim de agosto de 1961. O episódio levou os grupos conservadores ao desespero, pois, além de a ascensão do vice significar o retorno dos getulistas ao poder, ele era um político conhecido por cultivar ligações com a esquerda. Sua eleição como vice-presidente, em 1955, e a reeleição, em 1960, haviam sido apoiadas pelos comunistas. O temor de que a ascensão de Goulart ao poder pudesse significar o fortalecimento dos comunistas, associado à frustração dos conservadores pelo retorno do varguismo, levou a que se tentasse impedir a posse. Os ministros militares declararam-se contrários à posse de Goulart,* criando um ambiente de

*Trecho do manifesto dos ministros militares: "... o Sr. João Goulart constituir-se-á, sem dúvida alguma, no mais evidente incentivo a todos aquêles que desejam ver o País mergulhado no caos, na anarquia, na luta civil. As próprias Fôrças Armadas, infiltradas e domesticadas, transformar-se-iam, como tem acontecido noutros países, em simples milícias comunistas." Apud Bilac Pinto, *Guerra revolucionária*, p.221.

pré-guerra civil, já que apoiadores do político gaúcho organizaram uma campanha de mobilização popular visando a garantir o cumprimento da Constituição.

Quando a crise eclodiu, Jango estava ausente do país, em viagem pela Ásia que incluía a China comunista – detalhe significativo na perspectiva dos conservadores. Em meio à confusão reinante após a renúncia, Hilde Weber – uma das melhores chargistas do período e antiesquerdista militante – publicou uma interessante interpretação do quadro político: Goulart aparece sentado sobre a mala, presumivelmente em algum lugar longe do Brasil, e com olhar desconsolado (figura 14). O título do desenho, o primeiro trecho de conhecido ditado popular, fornece a chave de leitura. Ele estava em viagem e perdeu a oportunidade de "se assentar" na cadeira de presidente da República, por isso senta-se na mala. Essa caricatura apresenta um desejo caro aos grupos conservadores: o de que Jango ficasse impedido de retornar ao Brasil e perdesse, efetivamente, o "assento" presidencial.

Não obstante as tensões e ameaças de ruptura institucional, inclusive de uma possível guerra civil, a crise foi resolvida, ao menos por um tempo, com uma solução de compromisso. Durante a propositadamente longa viagem de retorno de Jango ao Brasil – em que o tempo foi usado para negociar uma saída para o impasse –

FIG.14 Hilde. *Tribuna da Imprensa*, 30.08.61, p.4. Fonte: BN

foi acordada uma mudança na Constituição brasileira, com a implantação do parlamentarismo. A idéia era a de aplacar os temores dos grupos conservadores e fazê-los aceitar a posse de Goulart, que, com a adoção da emenda parlamentarista, se tornaria um presidente com poder limitado, submetido ao Congresso Nacional. Com esse exercício de conciliação, mais uma vez os grupos dirigentes brasileiros solucionaram uma crise que parecia insolúvel, ou melhor, adiaram o problema, empurrando-o para adiante.

Os apoiadores de Jango aceitaram o arranjo porque o Ato Adicional à Constituição, que instaurava o parlamentarismo, deixava aberta uma porta de retorno ao presidencialismo. Nas disposições transitórias da emenda, abria-se a possibilidade de um plebiscito para consultar a população sobre a conveniência de manter o novo sistema ou retornar ao antigo, a ser realizado nove meses antes do fim do mandato presidencial, ou seja, no início de 1965. A estratégia dos seguidores de Goulart se pautaria na luta por antecipar o plebiscito, de modo que o presidente dispusesse de poder efetivo ainda em seu mandato. Assim, o grupo em torno de Jango aceitou o parlamentarismo apenas como medida paliativa que garantisse a posse, e quase de imediato começou a articular a favor do retorno ao presidencialismo.

Iniciada a gestão Goulart, os caricaturistas políticos não demoraram a encontrar assunto para críticas e galhofas. Um dos temas mais explorados no início foi a duplicidade do poder resultante da adoção do parlamentarismo. Pelo novo sistema, o poder deveria ser partilhado entre o presidente e o primeiro-ministro, ou seja, duas figuras políticas ocupariam, simultaneamente, o proscênio. É o que aponta, de maneira hilária e corrosiva, a caricatura da figura 15, ao retratar Goulart e o primeiro-ministro Tancredo Neves como as duas cabeças de uma mula. Para perceber o efeito crítico e derrisório da composição é importante notar as expressões faciais dos dois personagens, que se olham com um misto de estranhamento e desconforto, como se perguntassem um ao outro: "O que você está fazendo aí?"

Na figura 16 temos outra alusão à duplicidade do poder, desta vez utilizando o futebol como metáfora para a política. Goulart e Tancredo estão em campo para uma partida, e o juiz, figura que dita as regras do jogo, é um líder do PSD, representando o Congresso e os grandes partidos, instituições de proa no sistema parlamentarista. Mas quem domina e conduz a bola é Tancredo, enquanto Jango olha para a cena com ar amuado, como um garoto com fome de bola e a quem não se permite tomar parte na pelada.

Outra caricatura com tema semelhante pode ser vista na figura 17. Ela é particularmente interessante por trazer à cena o povo brasileiro, personagem nem sempre presente no desenho cômico do período. Desta vez, o governo e o

FIG.15 Hilde.
Tribuna da Imprensa,
26.09.61, p.4. Fonte: BN

FIG.16 Hilde.
Tribuna da Imprensa,
19.10.61, p.4. Fonte: BN

FIG.17 Augusto Bandeira.
Correio da Manhã, 04.05.62,
p.1. Fonte: BPUC/MG

Estado são representados, metaforicamente, por uma liteira (ver a bandeirinha do Brasil no mastro), carregada por um grupo de pessoas esfarrapadas e esfaimadas, algumas das quais portam a foice, símbolo onipresente nas representações da época. A cena sugere uma crítica aguda à exclusão social e política vigente no Brasil, ao mostrar o povo brasileiro carregando nas costas o Estado e seus líderes, tal como o fariam escravos ou homens submetidos aos piores regimes servis. O toque cômico deriva da caracterização e das atitudes corporais de Jango e Tancredo, particularmente do último, que aparece à soleira da liteira com ar de circunspeção e dignidade, como se fosse uma espécie de camareiro ou secretário do dono do "carro". Há outra possibilidade de interpretação, partindo do olhar que Jango dirige a Tancredo: o primeiro-ministro estaria representado como uma espécie de carona no carro do poder, um personagem secundário mas incômodo, que pretende roubar a cena de quem deveria ser a figura central, o presidente.

Para a maioria dos caricaturistas da grande imprensa, não havia dúvida quanto à atitude de Goulart em relação ao parlamentarismo. As imagens revelam um político inconformado com a amputação de suas prerrogativas presidenciais, um homem obcecado pela realização do plebiscito que lhe devolveria o poder, lutando tenazmente por sua antecipação. Na figura 18, Jango aparece como um papagaio atado ao poleiro, ansioso por se libertar das amarras que tolhem seus movimentos. A senha para sua libertação é plebiscito, palavra que ele repete in-

FIG.18 Hilde. *Tribuna da Imprensa*, 11.09.61, p.4. Fonte: BN

cessantemente para os ouvidos moucos dos políticos, representados nesse caso por Amaral Peixoto, então presidente do PSD. Amaral não parece nada interessado em ajudar o bichinho a soltar-se (note-se o título da caricatura) – muito pelo contrário, aliás – e com essa atitude estaria representando o pensamento dos grupos políticos dominantes, defensores do arranjo parlamentarista.

Na reprodução seguinte (figura 19), vê-se a mobilização de outra estratégia clássica do humor zombeteiro, propiciada por efeitos de inversão e contraste. Se já vimos o presidente representado em forma animal, agora ele aparece, numa composição hilariante, em forma de mulher. Mais precisamente, sendo comparado à rainha Elizabeth da Inglaterra, que aparece ao fundo. Goulart olha-se no espelho e vê a imagem de Elizabeth, o que provoca sua declaração de descontentamento. A mensagem alegórica presente no desenho é simples: Jango não se conforma em ser "rainha da Inglaterra", ou seja, ser chefe de Estado sob regime parlamentarista, o que implica a ausência de poder efetivo e a aceitação de papel figurativo. Ele deseja exercer o poder de fato.

O mesmo tema aparece de forma irônica no traço elegante e clássico de Theo, que imagina um diálogo entre Jango e San Tiago Dantas, então ministro das Relações Exteriores e responsável pela política externa independente do Brasil (figura 20). Na fala de Goulart há uma confusão proposital entre autodetermi-

FIG.19 Augusto Bandeira. *Correio da Manhã*, 09.08.62, p.1. Fonte: BPUC/MG

FIG.20 Theo. *O Globo*, 07.02.62, p.1. Fonte: HPMG

nação dos povos e sua vontade de se libertar e conquistar o poder real no Brasil. Se o Itamaraty conduzia a política externa brasileira a partir do conceito de autodeterminação dos povos, e por isso apoiava a libertação de áreas dominadas por metrópoles imperialistas, por que Jango não poderia almejar sua própria liberdade, no caso, tolhida pelo parlamentarismo?

Na figura 21, vemos uma crítica mordaz ao funcionamento do parlamentarismo, implicando também um ataque ao governo, aos líderes e aos partidos políticos. Na cena destaca-se uma janela (poderia ser um cenário de teatro) que descortina uma grande festa, uma verdadeira farra dos políticos que compõem o gabinete de Tancredo Neves, com participação do presidente da República. A festança, que tem elementos de orgia romana, carnaval e iê-iê-iê (parece ser esse o ritmo da dança de Tancredo e San Tiago Dantas), é regada a bebidas, uvas e um grande bolo, com as siglas dos principais partidos. Enquanto isso, no lado de fora da janela, o povo, miserável, observa a distância, e, literalmente, chupa o dedo. Mensagem: enquanto os partidos e os políticos fazem farra e comem o bolo do poder, o povão, excluído, passa fome.

Os caricaturistas não apenas registraram o inconformismo de Goulart com relação ao parlamentarismo, mas, e nesse ponto seguiam interpretação comum à época, apontaram-no como um dos principais culpados pelo fracasso da expe-

FIG.21 Augusto Bandeira. *Correio da Manhã*, 27.04.62, p.1. Fonte: BPUC/MG

FIG.22 Augusto Bandeira. *Correio da Manhã*, 27.04.62, p.1. Fonte: BPUC/MG

riência, responsável por opor obstáculos ao sucesso dos governos de gabinete. Na figura 22 aparece outra metáfora corrente naqueles anos, a do cavalo bravo, escoiceador, desgovernado. Aliás, essa última expressão é bastante adequada, pois a idéia central da metáfora era exatamente que o governo não governava o país e não tinha comando sobre o quadro político, vivendo em constante sobressalto. Na caricatura em questão, o "cavalo bravo" atira ao chão e escoiceia o parlamentarismo, representado por um político de casaca e cartola, com os olhos fechados em cruz, uma convenção gráfica para significar a morte. Goulart permanece à testa do cavalo e sorri de modo maroto, como se tivesse provocado a fúria descontrolada do bicho. Em resumo, a fonte da instabilidade e das crises seria o próprio João Goulart, que açularia os problemas visando a destruir o parlamentarismo.

Na figura 23 surge outro personagem interessado em dar cabo do parlamentarismo, Juscelino Kubitschek, que, usando o machado-plebiscito, auxilia Goulart a extirpar a segunda cabeça do poder. Detalhe significativo: a serpente de duas cabeças, que representa o poder, será decapitada exatamente na ponta parlamentarista. É uma caricatura interessante para lembrar que, além do presidente, outros líderes políticos desejavam o retorno ao presidencialismo. E é uma alusão ao apoio dado por JK, líder influente do PSD, à antecipação do plebiscito. Kubitschek, assim como ou-

FIG.23
Augusto Bandeira.
Correio da Manhã,
08.07.62, p.20.
Fonte: BPUC/MG

tros líderes, agia assim menos para ajudar Goulart e mais para garantir que o presidente voltasse a ter poder efetivo, tendo em vista seu interesse em disputar as eleições previstas para 1965.

O mesmo tema surge de modo mais sutil, e engraçado, na caricatura da figura 24, que mostra o gabinete ministerial comandado/dirigido por Tancredo a bordo de um carro, assobiando para as garotas bonitas que representam a Câmara dos Deputados. A sugestão parece clara: o governo pretenderia passar a conversa nos parlamentares visando a obter apoio para o retorno ao presidencialismo. Em linguagem metafórica, os rapazes do governo, usando a força de sedução inerente ao exercício do poder, aqui representado pelo carro novo e luxuoso, tentam impressionar as moças e levá-las para o "mau caminho", em aventuras perigosas para sua honra. Essa interpretação é fortalecida pela presença da Constituição na cena, que, retratada como uma matrona, tenta proteger as mocinhas, talvez suas filhas, da lábia dos "garotões" de Tancredo.

E as "cantadas" do governo dirigidas aos políticos surtiram efeito. Em setembro de 1962, após muitas crises e vários gabinetes ministeriais, o governo conseguiu que o Congresso Nacional antecipasse o plebiscito para janeiro de 1963, uma grande mudança em relação à data originalmente prevista. Contribuiu para isso não apenas o apoio da base aliada, mas o interesse de outros políticos influentes que almejavam a presidência da República e também não aceitavam o papel de rainha da Inglaterra. Além disso, a curta experiência do parlamentarismo deixou impressão ruim mesmo entre opositores de Goulart;

FIG.24
Augusto Bandeira.
Correio da Manhã,
28.04.62, p.1.
Fonte: BPUC/MG

criou-se uma espécie de consenso negativo sobre o sistema, embora muita gente afirmasse (inclusive alguns caricaturistas, como se viu) que o governo havia feito o possível para inviabilizar seu sucesso.

A vitória do presidencialismo no plebiscito de 6 de janeiro de 1963 foi esmagadora: aproximadamente 90% dos votantes disseram não ao parlamentarismo. Diga-se de passagem, poucas vozes animaram-se a esboçar reação contra a onda avassaladora e a defender publicamente a manutenção do Ato Adicional. Foi uma situação curiosa, pois mesmo os grupos interessados em atrapalhar Goulart, e que não desejavam vê-lo fortalecido, acabaram por não se opor à antecipação do plebiscito e à vitória do NÃO.

O evento foi interpretado, e com razão, como uma grande vitória política de João Goulart. Nesse momento, sua polêmica imagem, em que se encaixavam representações contraditórias, tendeu a enfatizar mais a faceta de político malicioso e esperto. Esse é um aspecto curioso das críticas dirigidas a Jango, particularmente no discurso das caricaturas. Ele foi retratado, de um lado, como habilidoso negociador, capaz de conseguir seus objetivos e enganar com sua esperteza, e, de outro, como político desastrado, que promovia eventos e alianças que fugiam ao seu controle, agindo como uma espécie de aprendiz de feiticeiro.

As duas imagens contraditórias conviveram durante todo o período do governo Goulart, mas a primeira, associada à habilidade, tendeu a prevalecer nos primeiros meses, principalmente na fase entre a posse e o retorno do presidencialismo, aliás, eventos considerados vitórias marcantes do negociador

Jango, e expressão viva de seu talento político. A segunda imagem, a do líder trapalhão, foi divulgada com mais ênfase a partir dos primeiros meses de 1963, quando a temperatura política tornou a subir, ao passo que aumentavam os temores despertados por Goulart. Voltaremos a isso nos próximos capítulos.

Retornando ao tema do plebiscito, esse momento de vitória para as forças pró-governo foi o ápice das representações apontando Goulart como o "dono da bola", ou seja, como político hábil e no comando da situação. Sobre esse tema vale a pena analisar duas caricaturas de Lan publicadas com intervalo de poucos dias. Na primeira delas (figura 25), Jango aparece sentado na cadeira presidencial, chupando feliz o seu chimarrão, após o sucesso da "longa viagem" referida no título, ou seja, o demorado trajeto rumo ao pleno poder. É importante notar os rolos de arame farpado que cercam a cadeira e impedem o acesso; mas, como se vê pelas pegadas, o habilidoso político andou em círculos em torno de seu objetivo até encontrar um modo de contornar os obstáculos. Ao final, ele conseguiu pular na cadeira do poder subindo pelo teto, cena insólita que representa a obstinação e a esperteza do personagem.

FIG.25 Lan. *Jornal do Brasil*, 08.01.63, p.3. Fonte: HPMG

FIG.26 Lan.
Jornal do Brasil, 15.01.63, p.3. Fonte: HPMG

Na outra caricatura (figura 26), vemos uma representação bastante irônica da supressão do Ato Adicional que criou o parlamentarismo, através da menção a um enterro. Apesar das lágrimas dos personagens em destaque que velam o caixão, ou melhor, por causa delas, a cena suscita grande hilaridade. Os chorões representam os políticos que apostaram e investiram no parlamentarismo, e, agora, lamentam sua morte. A figura da esquerda é Amaral Peixoto, senador e presidente do PSD, e a da direita é Ranieri Mazzili, presidente da Câmara dos Deputados. No canto da sala, com jeito tranqüilo e autoconfiante, mão no bolso, pernas cruzadas e sorvendo mate, aparece João Goulart, o vitorioso do dia, que não tem nada a chorar, ao contrário. O caixão do morto está sobre a cadeira presidencial, que ficará agora à disposição de João Goulart...

Derrotado e esgotado o experimento parlamentarista, o Brasil voltou a ter um governo com presidente efetivo. A partir daí, João Goulart não estaria mais de mãos amarradas, e poderia implantar um programa de governo consistente. O novo quadro despertou a esperança de que a situação melhorasse, uma vez que as sucessivas crises do período parlamentarista ficariam para trás e o presidente poderia de fato exercer seu mandato. Porém, o retorno ao presidencialismo também suscitou temores de que a crise social e política pudesse se agravar e, especialmente entre os que desconfiavam do presidente, de que Goulart viesse a manifestar tendências políticas consideradas perigosas.

O grande manipulador 3

Como foi mostrado no capítulo anterior, especialmente nas duas últimas figuras reproduzidas, Goulart foi considerado um líder esperto, capaz de montar estratégias maliciosas para alcançar seus objetivos. Numerosas caricaturas do período abordaram esse tema, credenciando-o a uma análise mais detida.

As representações de Goulart como político astuto mereceram versões mais fortes e agressivas do que as já mencionadas. Algumas críticas atribuíam a Jango uma malícia que ultrapassava os limites da trapaça, do oportunismo e da demagogia. Segundo muitas caricaturas, Jango era mais do que um político hábil e um estrategista eficiente na conquista de suas metas. Ele seria um enganador inveterado e, por isso, indigno de confiança. Nessa versão forte do tema da malícia, o presidente seria um homem sem princípios, com o único propósito de fortalecer seu poder e manter-se à frente do Estado, a qualquer custo. As propostas e promessas que fazia, de acordo com tal interpretação, não passavam de argumentos para justificar seus intentos e atrair o apoio popular.

Uma das vertentes dessa crítica desaguava na denúncia de que Goulart não passava de um demagogo, um político inescrupuloso capaz de explorar os sentimentos de frustração dos pobres em benefício próprio. Assim, a pregação de Jango a favor de reformas sociais não passaria de burla; de acordo com os críticos, sua real intenção não era beneficiar os miseráveis nem fazer reformas, mas estimular a criação de um clima de insatisfação social para projetar-se como líder popular. Alguns discursos, como se verá a seguir, sugeriam que Goulart insuflava artificialmente as crises e semeava a insegurança visando a tirar proveito do ambiente de conturbação.

A imagem de grande manipulador encontrou representação figurada adequada no uso de algumas metáforas, como a do fantoche ou a do ventríloquo. A figura 27 reproduz uma caricatura ainda do período parlamentarista, em que Jango aparece como o manipulador por trás do boneco de ventríloquo. O títere aludido no título é Tancredo Neves, então primeiro-ministro, mostrado como um joguete nas mãos do presidente. E a expressão facial deste – com um olhar seguro, de quem está em pleno domínio da situação – contribui para conotar a idéia de que ele seria um manipulador por excelência. É interessante notar a existência de representações contraditórias sobre as relações de Goulart com o parlamentarismo e o primeiro-ministro Tancredo Neves. Jango foi mostrado tanto como um presidente sem poder, líder impotente por ser obrigado a dividir as atribuições de governo com o gabinete, quanto como alguém que manipula o primeiro-ministro na direção dos próprios objetivos, de acordo com a representação sugerida nessa caricatura.

Na reprodução seguinte (figura 28), também da fase parlamentarista, Jango comanda um teatro de bonecos, na verdade o gabinete ministerial, que faz triste figura para a platéia/povo. Os bonecos apresentam pantomima pífia e ridícula, para indignação da audiência, que resolve manifestar-se atirando objetos contra o cenário. Goulart, sentado no topo do palco, nega responsabilidade pelo péssimo desempenho do ministério, e procura chamar a atenção para suas mãos com gestos que sugerem impotência e humildade, numa tentativa de

FIG.27 Hilde. *Tribuna da Imprensa*, 05.10.61, p.4. Fonte: BN

FIG.28 Augusto Bandeira. *Correio da Manhã*, 23.08.62, p.14. Fonte: BPUC/MG

esconder a ação de seus pés, que comandam os movimentos dos bonecos. Sua fala e sua expressão facial são fundamentais para compreender a mensagem da caricatura. "Que rei sou eu?",* pergunta com modos humildes, como se dissesse: não tenho poder algum, não sou culpado pela bagunça e instabilidade do sistema parlamentarista. Porém, o que a imagem diz, ironicamente, é o contrário, ou seja, ele tem poder suficiente para desmoralizar o gabinete e, com isso, aumentar a pressão pelo retorno ao presidencialismo, tornando inviável o outro sistema.

O argumento de manipulação oportunista foi utilizado também na caricatura da figura 29, só que agora o "brinquedo" nas mãos de Jango é um circo de cavalinhos. Sentadas, correndo uma atrás da outra, vêem-se três figuras: o

* É interessante mencionar o diálogo que essa caricatura estabelece com a música popular, pois "Que rei sou eu?" é o título de um samba de Herivelto Martins: "Que rei sou eu/ sem reinado e sem coroa/sem castelo e sem rainha/ afinal que rei sou eu?/ O meu reinado/é pequeno e é restrito/ só mando no meu distrito/ porque o rei de lá morreu/ Não tenho criados de librés/c arruagens nem mordomos/ e ninguém beija meus pés/meu sangue azul/ nada tem de realeza/ o samba é minha nobreza/ Afinal que rei sou eu?"

FIG.29 Augusto Bandeira. *Correio da Manhã*, 06.12.62, p.14. Fonte: BPUC/MG

custo de vida, armado com uma faca para agredir o povo, segundo personagem, que, por sua vez, tenta alcançar, sem sucesso, o salário mínimo e o 13º salário, ambos sentados no terceiro cavalinho. Note-se que o povo e os salários estão trajados de modo circense, como palhaços ou pierrôs, ao passo que o custo de vida não tem nada de cômico, e é até algo assustador. Enfim, é um circo o que João Goulart está comandando, e sua expressão sugere indiferença e frieza em relação aos destinos do país e do povo. A imagem mostra ao observador: a crise social avassala a população, que corre atrás de proteção inutilmente, pois é impossível fugir ao agravamento das condições de vida; e o pior é que o presidente comanda esse mecanismo perverso e parece sentir-se confortável com a situação, aparentemente benéfica para seu projeto político.

A metáfora do boneco/fantoche para representar a manipulação política foi utilizada largamente pelos caricaturistas do período, a ponto de se poder dizer que a maioria dos líderes conhecidos sofreu esse tipo de zombaria. Na figura 30, temos mais um exemplar do gênero, só que desta feita Goulart está controlando

FIG.30 Hilde. *O Estado de S. Paulo*, 13.07.63, p.4. Fonte: BN

dois bonequinhos ao mesmo tempo: Darcy Ribeiro e Abelardo Jurema, respectivamente chefe da Casa Civil da presidência e ministro da Justiça. Vale notar a caracterização de Darcy como moleque, usando macacão e cabelo em topete, uma referência à sua juventude e idéias ousadas. Como ele não era figura conhecida do grande público, Hilde resolveu desenhar em sua roupa uma casinha com a legenda "Casa Civil", para facilitar a identificação. Darcy Ribeiro seria retratado assim em outras caricaturas, como se verá adiante.

O fantoche, como alusão metafórica à malícia política do presidente, aparece de novo na figura 31. O desenho apresenta Goulart tentando assustar as pessoas – "Buuu!" é o título da caricatura – com uma boneca feia e sinistra, a crise. Entretanto, e esse detalhe é fundamental, a figura é o próprio Jango, caricaturado como mulher feia. Neste caso, temos um exemplar particularmente criativo de desenho cômico, pois há uma caricatura dentro de outra. A mensagem central da figura consiste em apontar o caráter artificial da crise que assolava o Brasil. Segundo a imagem, Goulart estaria fomentando um clima de instabilidade e insegurança, tentando assustar a sociedade com o fantasma de uma crise que ele mesmo orquestrara. É interessante destacar que este argumento era corrente nos círculos da oposição: a suposição de que o próprio presidente teria interesse em disseminar a intranqüilidade, visando a ganhar apoio para um eventual aumento de poder. Além de fazer uma crítica aguda ao presidente, retratado como líder manipulador e mentiroso, a caricatura implica outra forma de intervenção no debate político. Ela quer revelar ao público as supostas estratégias ocultas de Jango, e assim esvaziar seus planos, ao sugerir que a crise não passa de espuma, sem raiz na dinâmica real da sociedade brasileira.

FIG.31 Hilde. *O Estado de S. Paulo*, 05.06.63, p.4. Fonte: BN

Segundo alguns setores da oposição, os constantes problemas de abastecimento que ocorriam na época, notadamente na região do Rio de Janeiro, guardavam relação direta com as estratégias do presidente Goulart. Tratava-se de um desdobramento do argumento sobre o caráter artificial da crise vivida no país. Durante aquele período ocorreram alguns saques a estabelecimentos comerciais, por exemplo na Baixada Fluminense, em julho de 1962, e a oposição denunciou que aliados de Jango teriam fomentado a baderna, para aguçar a sensação de descontrole e iminência revolucionária. É importante mencionar que a esquerda tinha avaliação diametralmente oposta acerca dos problemas de desabastecimento. Ela denunciava a existência de uma conspiração envolvendo Lacerda e os "tubarões" do comércio, que engendrariam a falta de víveres para desestabilizar o governo Goulart.

Na figura 32 aparece uma curiosa interpretação desse tema: Goulart, trajando uniforme de militar ou policial, para representar a presença da autoridade, tenta seduzir uma linda moça com um saquinho de arroz, que brilha como uma jóia. Jango parece querer levar a bela para o carro encostado ao meio-fio, cuja chave ele balança, displicentemente, com o indicador da mão direita. A garota sensual é a Guanabara (ver o escrito em sua transparente blusa), figura caricatural que alguns artistas do período adotaram para representar a antiga capital do país. A imagem da beleza feminina e da sedução foi escolhida como alusão aos

FIG.32
Augusto Bandeira.
Correio da Manhã, 13.12.62, p.14. Fonte: BPUC/MG

encantos do Rio de Janeiro, cidade cujos dotes naturais – especialmente os de suas mulheres – tornaram-na famosa.

O desejo manifestado pelo Jango da caricatura de seduzir a bela Guanabara está relacionado com a força da oposição naquela cidade. Ali vicejava a liderança do principal inimigo de Goulart, o governador Carlos Lacerda, que tinha forte penetração eleitoral na região. Na verdade, o eleitorado carioca estava dividido, pois as forças favoráveis ao presidente também colhiam muitos votos. Porém, o fato de a Guanabara ser governada por Lacerda tinha significado simbólico importante, e por isso a idéia de que seria um lugar cobiçado por Goulart. Daí decorria, também, a crença de que o presidente procurava criar dificuldades para o estado, inclusive dificultando o abastecimento, com o objetivo de enfraquecer Lacerda.

A figura 33 apresenta outra alusão ao desejo de Goulart de conquistar a Guanabara, evocando uma fábula clássica: "A raposa e as uvas", de Esopo. Na fábula, uma raposa sedenta e faminta encontra uma frondosa videira, carregada de uvas maduras e apetitosas. O animal esforça-se ao máximo para alcançar os deliciosos frutos, mas não consegue atingir os cachos de uvas. Esgotada pelo esforço inútil a raposa desiste e vai embora, consolando-se com o pensamento de que as uvas deveriam estar verdes. No desenho, Goulart é a raposa esfomeada, enquanto a videira frondosa representa a Guanabara, mais uma vez apresentada como lugar aprazível e fonte de delícias, que desperta o desejo e a cobi-

FIG.33 Hilde.
O Estado de S. Paulo,
13.08.63, p.4. Fonte: BN

ça. A idéia subjacente é a suposta intenção de Goulart de dominar e conquistar a Guanabara, território sob controle do arqui-rival Carlos Lacerda. Ao utilizar a fábula de Esopo como metáfora, talvez a intenção de Hilde fosse mostrar que, tal como a raposa, Goulart jamais alcançaria o objeto de seus desejos.

A afirmação de que Jango não passava de um político oportunista era um dos temas mais caros ao discurso da oposição, tanto em versão verbal quanto visual. Seguem-se dois exemplos, o primeiro dos quais é um ataque mais explícito, direto – especialmente devido ao título –, enquanto o segundo é um pouco mais sutil. Na figura 34, Goulart aparece diante de um armário em que cada porta guarda discursos diferentes, adequados a grupos sociais específicos. Com as chaves na mão, ele hesita entre as opções disponíveis, o que revela a artificialidade de sua conduta como líder político. Está implícita a acusação de que suas promessas não têm qualquer substância, resumindo-se a discursos oportunistas calculados para agradar aos interlocutores, sem chance de serem colocadas em prática.

A figura 35 mostra a utilização de outra metáfora freqüente nas representações do período: o realejo. O instrumento sugere a idéia de repetição, de reprodução incessante de músicas de conteúdo enfadonho e maçante. Goulart faz girar o instrumento, que toca ininterruptamente a "música" das reformas, enquanto estende um chapéu para receber créditos, no qual se lê "65". A interpretação da imagem aponta para o seguinte: Goulart usa o discurso das reformas, cujo conteúdo é secundário, posto que enfadonho e repetitivo, com o único propósito de ganhar crédito para permanecer no poder em 1965, ano em que findava o seu mandato e haveria nova eleição presidencial.

A decantada malícia de Jango mereceu referências mais agressivas em outras caricaturas, que o acusam de trapaças e manobras de baixa categoria. Na figura 36, ele é representado como pugilista em luta contra o "Congresso", um oponente bem mais alto e musculoso. O problema é que Jango vai usar um artifício ilegal para virar a luta a seu favor: coloca um soco-inglês na mão direita, que ficará escondido sob a luva de boxe, enquanto pisca, malandramente, para os observadores da cena. Trata-se de referência figurada aos ataques de Goulart e seus aliados contra o Congresso Nacional, considerado um obstáculo à implantação das reformas sociais, bem como aos supostos planos continuístas do presidente. No final de 1963, ganharam volume boatos sobre medidas em andamento no governo visando a quebrar as resistências do Congresso. A mensagem conotativa da caricatura é que o Parlamento brasileiro seria forte e honesto, e, numa luta justa, derrotaria as pretensões janguistas. Porém, como Goulart lançava mão de artimanhas condenáveis – e certamente a artista tinha em mente as acusações de demagogia, corrupção e autoritarismo que pesavam sobre ele –, fica sugerida a possibilidade de derrota das instituições parlamentares.

FIG.34 Biganti. *O Estado de S. Paulo*, 08.03.64, p.4. Fonte: BN

FIG.35 Hilde. *O Estado de S. Paulo*, 27.02.64, p.4. Fonte: BN

FIG.36 Hilde. *O Estado de S. Paulo*, 20.12.63 p.4. Fonte: BN

A imagem reproduzida na figura 37 brinca com a metáfora de que nas disputas políticas e no exercício do governo, com freqüência, os protagonistas são "queimados". Nesse desenho hilariante de Lan, João Goulart está lançando à fogueira o general Osvino Alves, um dos militares mais afinados com o pensamento esquerdista. Ao lado, observando a cena com resignação, de braços cruzados, três auxiliares que atuaram na área econômica do governo, e cujas roupas chamuscadas são um indício de que experimentaram a mesma provação. Da esquerda para a direita, são eles: Carvalho Pinto, San Tiago Dantas (ambos com passagem pelo Ministério da Fazenda) e Celso Furtado, ministro sem pasta (para o Planejamento) que tentou aplacar a crise econômica com o malogrado Plano Trienal. Osvino, que vai para a fogueira com a mesma cara de resignação mesclada a uma expressão de susto – aliás, muito cômica –, acabava de ser nomeado presidente da Petrobras, após um escândalo de corrupção que ecoara com enorme barulho na imprensa.

É importante notar a expressão maldosa de Goulart, que atira seus auxiliares ao fogo com ar de quem acaba de fazer uma jogada inteligente. A mensagem subjacente é: Jango usa e descarta seus aliados com frieza, pois eles são peças secundárias em sua estratégia voltada para o aumento de seu poder pessoal. A presença na cena somente de "queimados" oriundos da área econômica não é coincidência. O detalhe enfatiza a responsabilidade de Goulart pelo agravamento da situação nesse setor. No desenho, Jango joga aquelas pessoas ao fogo com consciência. Não se trata de um desastrado a implantar políticas que fracassam contra sua vontade: ele estaria levando o país à crise de maneira calculada, com propósitos políticos.

As representações sobre o talento de Goulart estavam eivadas de ambigüidade: de um lado, ele era mostrado como esperto e estrategista inteligente, ainda

FIG.37 Lan. *Jornal do Brasil*, 29.01.64, p.4. Fonte: HPMG

FIG.38 Biganti. *O Estado de S. Paulo*, 01.04.64, p.4. Fonte: AE/SP

que, eventualmente, inescrupuloso; de outro, porém, era visto como político atrapalhado, cujas ações implicavam riscos que ele mal calculava. Esse tema será tratado com vagar no último capítulo, mas não fugirei à tentação de introduzi-lo aqui. A preocupação a atormentar o sono dos grupos conservadores, e que eles tratavam de divulgar ao grande público, era de que a estratégia de Jango de insuflar um clima de crise e intranqüilidade poderia sair do controle e degenerar, efetivamente, numa convulsão social de grandes proporções.

A tecla do anticomunismo era particularmente sensível nesse caso, como se pode ver na figura 38. Ali, João Goulart aparece saboreando um charuto, confortavelmente instalado, de pernas cruzadas, sobre um barril. Ele parece inebriado ou tonto pela ação do fumo, que é de marca forte, pelo que se depreende do símbolo nele desenhado, a foice e o martelo. O presidente do Brasil, segundo a caricatura, fazia uso do comunismo ignorando os riscos: estava sentado num barril de pólvora, prestes a explodir, e a fagulha letal poderia vir de suas próprias e displicentes mãos.

4 Hamlet equilibrista

A figura de João Goulart prestou-se às mais diversas interpretações. Afinal, estabelecer o perfil político, ideológico e mesmo psicológico do presidente era um exercício de análise de suma importância. Muitos observadores políticos e homens de imprensa julgavam ter identificado um traço marcante na personalidade de Jango: a timidez. Além de tímido, o que o faria evitar encarar os interlocutores, ele era considerado inseguro e instável, de personalidade avessa a sustentar posições firmes. Dessa tentativa algo canhestra de desvendar o caráter de Goulart, derivaram interpretações acerca de sua atuação política. Durante esses anos, disseminou-se bastante a crença de que ele era um político de atitudes ambíguas e convicções ideológicas vagas. Os críticos mais duros viam nele um fraco, suscetível a moldar suas crenças e aspirações em decorrência de pressões de terceiros, e um líder de caráter e idéias frouxas.

Significativamente, esse era o único ponto convergente nas avaliações das diferentes forças políticas, da esquerda e da direita, sobre a figura de João Goulart. O presidente era visto, em quase todos os quadrantes, como homem de posições políticas pouco sólidas e claras. Apontavam-se nele, de maneira recorrente, falta de firmeza política e indecisão ideológica. À direita, o temor era de que essa suposta personalidade fraca fosse influenciada pelos grupos de esquerda à sua volta, especialmente por seu cunhado, Leonel Brizola, e pelos comunistas. Na esquerda, o medo corrente era de que Jango não tivesse firmeza suficiente para levar adiante os compromissos assumidos com o projeto reformista, e vacilasse ante as pressões dos grupos conservadores. Temia-se mesmo que ele traísse a aliança esquerdista e fechasse acordo com a direita, voltando-se contra os antigos amigos.

Os caricaturistas exploraram bastante o tema da ambigüidade política de Jango, produzindo imagens de alta mordacidade e humor. Vale destacar que os poucos ataques dos caricaturistas de esquerda visavam exatamente esse ponto. Mas as críticas da esquerda eram leves, quase amigáveis, em comparação ao que saía na grande imprensa e nos jornais conservadores. Vejamos, a seguir, dois exemplos retirados da imprensa aliada ao presidente.

Na figura 39, temos uma caricatura do jornal comunista *Novos Rumos*, que mostra Goulart curvado ante o peso de uma enorme caneta. O comentário dos dois personagens que assistem à cena estabelece o sentido da composição. O contexto é a expectativa em torno da assinatura de decretos presidenciais que iniciariam as propaladas reformas, anunciadas por Goulart no comício da Central do Brasil em 13 de março de 1964. O último obstáculo para o início das reformas sonhadas pela esquerda, segundo a charge, é o próprio Jango, que sente a responsabilidade e parece vacilar devido ao "peso" da caneta ou, em linguagem mais direta, demonstra hesitação antes de tomar atitudes francas e explícitas em direção às reformas.

A caricatura seguinte (figura 40), publicada em *Ultima Hora*, único jornal da grande imprensa incondicionalmente leal ao governo, aborda o tema da indecisão do presidente de modo bastante sofisticado, utilizando uma peça teatral para aludir à encruzilhada político-ideológica em que se encontrava Goulart. Já se fez aqui referência ao uso de metáforas como estratégia para popularizar o debate político, na medida em que essas figuras de linguagem prestam-se a traduzir temas distantes ou complexos em imagens conhecidas do grande público. O presente caso constitui uma exceção, pois a metáfora escolhida só poderia ser

FIG.39 Roma. *Novos Rumos*, 13.03.64, p.7. Fonte: BN

compreendida pelo público culto, inteirado da produção cultural de vanguarda. Essa afirmativa encerra um paradoxo, pois a peça em questão, *O círculo de giz caucasiano*, foi composta por um autor que tentava falar ao grande público e politizá-lo. O dramaturgo comunista Bertold Brecht desejava, especialmente nessa peça, levar o homem comum a refletir sobre a injustiça e a desigualdade social. Porém, dada a realidade brasileira, é difícil supor que sua obra tenha sensibilizado outros círculos além dos da esquerda intelectualizada.

Escrita no final da Segunda Guerra Mundial, a peça foi encenada pela primeira vez no Brasil em 1963, um momento propício, considerando que o drama aborda a injustiça social e denuncia a insensibilidade das elites. A história tem lugar no Cáucaso soviético, ao final da guerra, durante o processo de reconstrução econômica que se seguiu ao recuo das tropas nazistas. Os membros de duas fazendas coletivas reúnem-se para planejar a reconstrução e, no fim das atividades, é apresentado um espetáculo teatral de inspiração salomônica. Fugindo de uma revolução, uma mulher rica abandonara o filho de colo no palácio, e o bebê fora adotado e criado por uma serva. Após dois anos, a mãe retorna e reclama o bebê, instaurando o conflito com a outra mulher. O drama termina quando o juiz decide traçar um círculo de giz, coloca a criança no meio e manda as duas

FIG.40 Jaguar. *Ultima Hora*, 12.10.63, p.4. Fonte: BN

mulheres puxarem o garoto. Como a criada se recusasse a puxar o menino, por temer machucá-lo, o juiz determina que ela seria a verdadeira mãe.

No traço de Jaguar, Goulart transforma-se no menino disputado pelas mulheres da peça de Brecht. Tal como a criança, Jango não controla o próprio destino, sua sorte será decidida por forças superiores. A mãe aristocrática representa as forças da direita, enquanto a mãe adotiva, a proletária, ocupa o papel das esquerdas. A concepção da imagem é muito inspirada, pois, assim como o garoto, Jango tinha origem nas elites sociais, porém fora "adotado" por alguns segmentos populares como representante do povo. Embora estivesse fora do alcance do grande público compreender as nuanças da imagem e o diálogo que ela estabelece com o texto de Brecht, o essencial da mensagem poderia ser captado por todos: o presidente estava sendo disputado por antagonistas à direita e à esquerda do espectro político, e ele parece uma figura inerte em meio a esse embate.

A imagem do presidente como alguém disputado ferozmente por representantes de ideologias contrárias, literalmente sendo puxado em direções opostas, sob risco de o corpo se romper, inspirou construções caricaturais menos sofisticadas. Na figura 41, Goulart é o cavaleiro tipicamente gaúcho, trajado com bombachas, botas e lenço ao pescoço, que tenta segurar ou montar ao mesmo tempo dois animais bravos, e é puxado, simultaneamente, para a esquerda e para a direita. A concepção é simples, nada mais elementar do que uma elaboração metafórica usando cavalos, mas estabelece comunicação eficiente com o grande público.

| **FIG.41** Augusto Bandeira. *Correio da Manhã*, 03.10.62, p.12. Fonte: BPUC/MG

A caricatura seguinte (figura 42) usa a corda bamba como metáfora para a delicada situação política de Jango, e aponta perigos aguardando-o dos dois lados. O medo é tal que o equilibrista hesita em dar um passo em falso, tremendo e suando aos borbotões, e encontra-se paralisado, sem saber se o melhor é seguir adiante ou retornar. A conclusão é que, independentemente da opção ideológica que viesse a adotar, Goulart correria grande risco. Caso seu exercício de equilibrismo desse errado e provocasse uma queda, seu destino era terminar espetado nas foices dos comunistas ou nas espadas, que, provavelmente, representavam as Forças Armadas.

Essa caricatura é particularmente interessante por converter para a linguagem visual uma metáfora utilizada de forma recorrente nos discursos verbais. Para alguns observadores contemporâneos, a estratégia política de Jango lembrava a performance do artista circense cujo número consiste em andar por uma corda bamba sobre o vazio, sob o risco constante de despencar em caso de descuido. E o caricaturista parece querer advertir o presidente quanto aos perigos da arte do equilibrismo político.

Os argumentos sobre a ambigüidade de Goulart levavam a duas possíveis explicações. Primeiro, a de que o presidente manifestava posições político-ideológicas pouco claras por realmente não ter opiniões formadas; ou seja, ele não apenas *parecia* ambíguo, mas efetivamente o era. Segundo esse ponto de vista, Jango não tinha convicções firmes, apenas o desejo do poder, e por isso deixava-se navegar ao sabor das pressões dos diferentes grupos políticos. Na outra vertente, a indefinição de Goulart seria resultado de cálculo político, uma estratégia para tirar o máximo de proveito das situações ao adotar discursos convenientes a cada momento, contentando os diferentes tipos de interlocutores. Evitar a manifestação de posições políticas claras poderia ser uma estratégia para agradar a todos ao mesmo tempo, uma tentativa de desmobilizar a oposição ao governo.

FIG.42 Lan. *Jornal do Brasil,* 14.06.63, p.4.
Fonte: HPMG

A produção caricatural explorou com mais intensidade a primeira vertente explicativa e produziu imagens muito engraçadas. Na figura 43 temos outro exemplo de apropriação de tema teatral pela caricatura, dessa vez um drama clássico. Goulart é retratado como o Hamlet de William Shakespeare, o trágico príncipe da Dinamarca que sentiu seu reino apodrecer após o assassinato traiçoeiro do pai, perpetrado pelo próprio tio. A galhofa produzida por Lan – além de caracterizar Goulart com as roupas típicas do personagem, incluindo uma ridícula peruca – consistia na evocação da ambigüidade política do presidente por meio de citação do trecho mais conhecido da peça ("ser ou não ser, eis a questão"). Jango aparece como um ator político dilacerado por dúvidas, incapaz de escolher o melhor caminho. Como o enredo escolhido foi uma cena teatral – e, vale lembrar, o palco constitui uma das mais influentes metáforas para a política –, é possível, também, considerar linha de análise diferente. Talvez o caricaturista estivesse zombando da suposta indefinição de Goulart, sugerindo que as vacilações do presidente eram uma farsa para enganar o público.

FIG.43 Lan. *Jornal do Brasil,* 01.06.63, p.4. Fonte: HPMG

Há, nesse caso, uma diferença marcante em relação à caricatura que cita *O círculo de giz caucasiano*. Exatamente por ser clássica, a obra de Shakespeare tornou-se conhecida ao longo do tempo, e é possível considerar Hamlet um personagem familiar para o grande público. Aliás, para facilitar a comunicação, o artista mobiliza os dois signos que são a marca registrada do príncipe dinamarquês: a frase já citada e a caveira. Curiosamente, trata-se de uma reinterpretação do texto original, pois, na peça, a fala "ser ou não ser" não é dita no momento em que Hamlet, no cemitério, pega nas mãos a caveira de Yorick. São cenas distintas no desenrolar do drama, mas que foram reunidas posteriormente durante o processo de recepção e apropriação da peça.

Praticamente todos os bons caricaturistas do período abordaram o mote da indecisão ou indefinição político-ideológica do presidente. Augusto Bandeira retratou Goulart como um personagem lançado ao mar, sem rumo (figura 44). Ele se encontra a bordo de uma frágil jangada, que não possui leme ou

FIG.44 Augusto Bandeira. *Correio da Manhã*, 26.09.63, p.6. Fonte: BPUC/MG

velas, e portanto não tem capacidade de navegar.* Há uma enorme bússola na embarcação, mas Jango não a está usando para marcar o rumo; ao contrário, ela apenas registra a desorientação do presidente, que não sabe para onde ir. De acordo com Bandeira, tal como o personagem da caricatura, Jango estaria confiando seu destino político – e, por extensão, o do país – ao ditame imprevisível das ondas do mar.

Do mesmo autor é a reprodução seguinte (figura 45), em que vemos Jango ao volante de um carro, com expressão assustada e apreensiva, cercado de mulheres sensuais e perigosas (a que está à esquerda do presidente parece mais *sinistra*). O motorista não sabe para onde guiar o carro, que representa o ministério e o governo, pois é pressionado pelas moças a escolher direções opostas. Além de mencionar a falta de definição ideológica do presidente, a intenção do caricaturista pode ter sido apontar a inconsistência do governo montado por Goulart, formado por políticos de orientações diversas e, às vezes, conflitantes. Pode estar implícita, também, uma referência brejeira à fama do presidente de apreciar a companhia de belas mulheres. Assim, a imagem poderia ser lida do seguinte modo: o chefe do país gosta de se arriscar em vários tipos de curvas, dos

* A figurinha que está à direita na jangada (uma espécie de capetinha), remando-a, é como um mascote dos desenhos de Augusto Bandeira, presente em todas as suas caricaturas. Algumas vezes aparece apenas como observador da cena, em outras participa das ações, como nesse caso.

caminhos escarpados da política às sinuosidades do corpo feminino.

Na figura 46, o caricaturista Biganti, do jornal *O Estado de S. Paulo*, interpretou os vaivéns políticos de Jango usando a patinação como figura de linguagem. Segundo o artista, a trajetória política de Goulart assemelhava-se às evoluções de um patinador: sua performance é complicada, com uma profusão de volteios e rodopios, mas sem sair do lugar, ou seja, o governo e o presidente não têm rumo definido. Os traços desse desenho lembram a produção de artistas europeus contemporâneos que, após a Segunda Guerra Mundial, revolucionaram a charge e o cartum mundial com estilo ousado e criativo, sob influência da arte abstrata e de vanguardas estéticas.

FIG.45 Augusto Bandeira. *Correio da Manhã*, 15.06.63, p.14. Fonte: BPUC/MG

FIG.46 Biganti. *O Estado de S. Paulo*, 09.01.64, p.4. Fonte: BN

Lan, que nessa época dedicava-se à charge política, utilizou a passagem do Dia dos Namorados para alfinetar Goulart com duas boas tiradas cômicas. Na primeira (figura 47), o presidente faz o popular jogo de arrancar as pétalas da flor, para definir o nome do futuro namorado ou esposo. A dúvida que abalava o coração do presidente, na verdade, era saber o melhor nome para o posto de ministro da Guerra, num contexto em que preparava uma reforma ministerial. A esquerda pressionava o presidente a demitir o ministro Amaury Kruel e nomear algum oficial mais afinado com o programa de reformas sociais. Na caricatura, Goulart hesitava entre os generais Osvino Alves, o preferido das esquerdas, e Amaury Kruel, seu amigo, mas homem de fortes convicções anticomunistas. No final, Jango acabou mesmo demitindo Kruel; entretanto, escolheu para o posto não o preferido das esquerdas, mas o general Jair Dantas Ribeiro. Importa mencionar que Kruel perdeu a pasta da Guerra, mas, algum tempo depois, recebeu comando militar estratégico, a chefia do II

FIG.47 Lan.
Jornal do Brasil 12.06.63, p.4. Fonte: HPMG

Exército, em São Paulo, e seu apoio foi decisivo para a vitória dos golpistas em 31 de março.

Na segunda caricatura (figura 48), o mesmo tema cômico da dúvida sobre o amor, só que agora nosso personagem reza a santo Antônio em busca de auxílio para decidir-se entre três noivas possíveis: esquerda, centro e direita. O mais engraçado é o modo como Lan representa as três posições políticas, as três moças. Na caricatura da esquerda, ele lançou mão de estereótipos tradicionais para compor o tipo que mais parece um homem travestido. A fórmula decorre da imagem do esquerdista como indivíduo boêmio, freqüentador de bares e adepto de um bom copo. Completam a figura cômica dois adereços: um par de óculos grossos, de quem lê muito, e um cachimbo, uma menção à influência do pensamento radical francês e à intelectualidade parisiense, na figura do filósofo Jean-Paul Sartre, que, por sinal, visitou o Brasil no início dos anos 1960. Além disso, a atitude facial da "moça" esquerdista conota uma personalidade arrogante, efeito sugerido pelas expressões dos olhos, sobrancelhas, boca e queixo. O fato de o artista escolher como representante da esquerda o estereótipo do intelectual arrogante e sofisticado, em vez de um trabalhador braçal ou um camponês, por exemplo, dá o que pensar...

A figura para simbolizar a direita é uma mulher aristocrática e rica, o que se depreende das jóias, maquiagem e penteado, para não falar do nariz empinado. A

FIG.48 Lan.
Jornal do Brasil 13.06.63,
p.4. Fonte: HPMG

expressão conota senso de superioridade e desdém pelos outros, atitude conforme as imagens correntes sobre a insensibilidade social das elites brasileiras. No caso da figura que representa o centro, a interpretação é bem mais difícil. Ao escolher uma mulher gorda e pesada para representar a posição política do meio, a intenção talvez fosse sugerir a idéia de lentidão e imobilidade, ou seja, o centro seria lerdo e obtuso. A sensação que essa caricatura passa ao leitor é a de que a situação de Jango era muito desconfortável. Ver-se obrigado a escolher uma noiva entre três figuras tão desprovidas de atrativos estava longe de ser uma posição invejável.

Para terminar essa seqüência, escolhi uma imagem (figura 49) que também faz galhofa usando o tema do amor. Desta feita, porém, Goulart não está com o coração dividido, em dúvida sobre qual opção política deveria abraçar. Ele não está na posição do amante que busca o par perfeito e sim na condição de cupido, a figura mitológica que provoca o amor. Aqui ele não apresenta a ingenuidade do apaixonado em busca da felicidade, com sinceras dúvidas sobre a decisão a tomar. Segundo essa caricatura, ao contrário, Jango sabe muito bem o que fazer, e age com malícia. A cara do cupido/Goulart provoca essa conotação, um ar malicioso sugerido pela língua de fora, o que nos faz ver nele uma espécie de anjo safado. Não se trata agora de escolher entre a esquerda e a direita, mas de aproximar as duas forças oponentes. É o que tenta fazer o cupido, acertando a flecha do amor nos corações dos dois marmanjos enamo-

FIG.49 Augusto Bandeira. *Correio da Manhã*, 03.05.63, p.1. Fonte: BPUC/MG

rados, sentadinhos no banco da praça. A direita está representada pelo general Amaury Kruel, outra vez, e a figura da esquerda é o governador pernambucano Miguel Arraes. Note-se o personagem ao fundo, que tenta espantar o cupido atirando-lhe ovos e frutas. É o deputado carioca Sérgio Magalhães, um dos mais ativos parlamentares da esquerda, que representa os segmentos inconformados com as oscilações políticas de Goulart, a quem acusavam de ceder em demasia às forças conservadoras.

As atitudes ambíguas de Jango desagradavam também à direita, notadamente quando pareciam enfraquecer o campo da oposição ao governo. Na figura 50 temos uma referência aos esforços de Goulart para dividir o principal partido da oposição, a UDN. Jango tinha no governador Magalhães Pinto – mineiro e udenista – um bom interlocutor, de quem procurava aproximar-se para enfraquecer a posição de Carlos Lacerda, seu principal inimigo no partido. Magalhães Pinto, por seu turno, procurava mostrar-se simpático às propostas de reformas moderadas, talvez por convicção política, mas, principalmente, por estratégia eleitoral, pois era uma maneira de diferenciar-se de Lacerda e encontrar um campo de atuação próprio dentro da UDN, visando a credenciar-se como candidato presidencial.

Na caricatura, Jango e Magalhães são mostrados como dois garotos de calças curtas, saindo para brincarem juntos. A mãe do segundo, uma velha senhora, que representa a UDN, olha a cena da janela de sua casa com uma expressão que mistura indignação e preocupação. Jango, o amiguinho que veio à sua casa buscar Magalhães Pinto para brincar, não é do seu agrado; claramente, dona UDN considera-o uma má companhia para seu filhinho, que, com essa atitude, afasta-se das tradições familiares. É interessante lembrar que Magalhães Pinto acabou por participar do processo de derrubada de Goulart, um lance que muitos contemporâneos consideraram eivado de oportunismo. No entanto, parcelas dos segmentos que integraram a coalizão golpista não se esqueceriam das atitudes ambíguas de Magalhães – nesse ponto Goulart não estava sozinho – e procuraram fechar seu espaço de atuação no regime militar.

A imagem de instável, ambíguo ou indeciso conviveu com João Goulart do início ao fim de seu governo. Porém, as avaliações sobre seus motivos variavam: para alguns, ele simplesmente não tinha convicções e tampouco sabia o que fazer; para outros, ele era um oportunista que tentava agradar a todos, ou que desejava localizar o fluxo da corrente e deixar-se conduzir. Uma versão diferente circulava entre certos grupos conservadores, e tornou-se muito influente a partir do final de 1963 e início de 1964, tendo conquistado adeptos convictos entre os que apoiaram a derrubada de Goulart. Afirmava que Jango pretendia apoiar-se nas esquerdas e no projeto de reformas sociais para permanecer no poder. A ambigüidade seria pura encenação, para esconder suas reais intenções continuístas.

Que Jango tenha elaborado uma estratégia de equilibrismo político é uma interpretação verossímil, e mesmo provável, embora sujeita a polêmica. Há algo, porém, fora de dúvida. O acirramento da crise política tornou inviável qualquer tentativa de encontrar uma saída conciliatória.

FIG.50 Hilde. *O Estado de S. Paulo*, 04.03.64, p.4. Fonte: BN

5 Mar de lama

A corrupção foi um dos temas mais candentes do debate público no Brasil dos anos 1950 e 1960, ecoando, principalmente, na imprensa e no meio parlamentar. A questão tornou-se mais grave no contexto da crise do segundo governo Vargas, que culminou no suicídio do presidente. A denúncia de práticas políticas e administrativas corruptas cometidas pelo grupo getulista tornou-se uma das principais bandeiras da oposição liberal, notadamente nos discursos de líderes da UDN. Vargas e seus auxiliares foram acusados de se aproveitarem de verbas públicas em benefício próprio, enriquecendo à custa do tesouro nacional. Quanto à pessoa do presidente Vargas não havia muito o que se dizer, a não ser o fato de ter arranjado financiamento do Banco do Brasil para a montagem do jornal *Ultima Hora*, criado para apoiá-lo num contexto em que a grande imprensa era hostil ao governo. As críticas mais pesadas dirigiram-se ao grupo palaciano em torno do presidente, e o próprio Vargas parece ter se assustado com a dimensão do problema.

Cunhou-se, na época, para representar a sensação de que o governo estava tomado pela corrupção, a expressão "mar de lama", que seria usada em contextos semelhantes no futuro. As denúncias contra a corrupção conferiam destaque à máquina sindical corporativista criada por Vargas, considerada pelos liberais um antro de favorecimentos ilícitos. Os udenistas entendiam que a máquina estatal corrupta construída sob os auspícios do presidente explicava as grandes votações colhidas pelos candidatos de orientação trabalhista, que eles preferiam chamar de demagogos. Essa avaliação do impacto eleitoral da "máquina" getulista, algo exagerada, servia de justificativa e consolo para as derrotas da UDN, que viu, com desgosto, nas eleições de 1955, a vitória de um candidato pertencente ao campo getulista: Juscelino Kubitschek.

JK herdou parte do capital eleitoral de Vargas, mas também os seus adversários. Ele foi visto pela oposição conservadora e liberal como um continuador do getulismo, inclusive no mau uso da máquina pública. Kubitschek encontrou sérias dificuldades para tomar posse e seu governo já começou com problemas. Logo no início da gestão ocorreu o episódio de Jacareacanga, base aérea situada na selva amazônica tomada por um pequeno grupo de oficiais da Força Aérea rebelados contra o novo governo, a quem acusavam de tolerante com a corrupção e o comunismo. O projeto desenvolvimentista do governo Kubitschek, cuja marca foi a realização de grandes obras – notadamente a construção de Brasília –, forneceu aos opositores novos argumentos para denunciar a corrupção, com freqüência mencionando o próprio presidente.

Significativamente, a campanha eleitoral de Jânio Quadros nas eleições de 1960 foi estruturada com base na promessa de acabar com a corrupção no país, discurso que atraiu os votos dos setores sensíveis à maré de críticas contra o getulismo. A adoção da vassoura como símbolo da candidatura de Quadros é uma revelação do principal ponto da campanha: varrer do Estado a corrupção e seus praticantes.

Como não poderia deixar de ser, a renúncia de Quadros e a ascensão de Goulart geraram grande frustração entre os que acreditavam que o getulismo estava intimamente ligado à corrupção. O retorno da aliança PTB-PSD ao poder significava, aos olhos de tais grupos, que o problema não fora resolvido. Assim, parte da indisposição contra o governo de Jango deveu-se à convicção de que o presidente era tolerante com a corrupção, característica que seria típica de seu grupo político. De acordo com seus adversários, a corrupção seria prática corriqueira na gestão Goulart, e esse foi um argumento importante na mobilização liberal-conservadora responsável pelo golpe de 1964.

O tema foi objeto da atenção dos caricaturistas, embora tenha aparecido com pouca freqüência, um dado a indicar o seu caráter secundário no debate político do período entre 1961 e 1964. É bom ressalvar que Goulart não foi o único político acusado de práticas ilícitas. Já apresentamos uma caricatura que retrata JK sob esse prisma (figura 9) e, na reprodução a seguir (figura 51), vemos um ataque contra Ademar de Barros, governador de São Paulo eleito

FIG.51 Augusto Bandeira. *Correio da Manhã*, 06.07.63, p.14. Fonte: BPUC/MG

em 1962 para um terceiro mandato. Barros era um político popularmente conhecido como corrupto; aliás, ele não fazia questão de negar a acusação, pois aliados apresentavam-no ao eleitorado como o que "rouba, mas faz". Augusto Bandeira, no *Correio da Manhã*, fez uma série de caricaturas intitulada "Os sete pecados capitais da política brasileira". Ademar de Barros foi escolhido para representar a gula, e aparece devorando uma caixinha de bombons. Não se satisfazia com pouco o guloso político, pois enquanto devora uma caixinha tem outra guardada, que lhe serve de assento.* A caixinha é uma referência à tradicional cobrança de propinas por ocupantes de cargos públicos, geralmente em operações de compras de variada natureza ou na contratação de obras públicas. Ao chamar Barros de guloso, o artista estaria sugerindo que a prática era comum à maioria dos políticos. O governador de São Paulo chamaria atenção apenas por "excesso de apetite".

Reiterando, não é grande o número de caricaturas vinculando Goulart a práticas administrativas ilícitas. Porém, há alguns exemplares interessantes, como o

FIG.52 Hilde. *Tribuna da Imprensa*, 09.09.61, p.4. Fonte: BN

* O pecado da ira foi representado por Carlos Lacerda e a preguiça pelo Congresso Nacional.

da figura 52, publicado logo após a conturbada posse de Jango. O desenho mostra o presidente tomando as primeiras medidas após chegar ao poder. Durante a fugaz gestão de Jânio Quadros, a retórica do combate à corrupção levou à criação de algumas sindicâncias para averiguar processos suspeitos ocorridos na máquina pública durante os mandatos de Vargas e de JK. Segundo Hilde, o primeiro ato de Goulart como presidente foi jogar no lixo inquéritos iniciados durante o governo anterior, uma acusação implícita de conivência com atos ilícitos para proteger os grupos políticos de quem era aliado.

É da mesma autora a imagem seguinte (figura 53), que apresenta uma acusação mais explícita e grave. Goulart é mostrado sorridente e feliz, no ato de assinar autorizações para obras públicas sem concorrência (note-se os papéis atirados à lixeira). Em sua mesa de trabalho descansa um pequeno cofre, o popular porquinho, que, normalmente, é uma representação do esforço de poupança de cidadãos de condição modesta. Nesse caso, porém, o porco conota a idéia de sujeira, como referência às práticas corruptas denunciadas na caricatura. O porquinho mira os atos assinados por Jango com olhar guloso e esperançoso. É o PTB, partido do presidente, cuja presença na cena representa uma suposta condição de sócio da corrupção. O porquinho está ali para colher benesses das ilicitudes cometidas pelo presidente. A interpretação da imagem aponta para dois possíveis destinos do dinheiro amealhado: o financiamento do próprio partido, em seus projetos eleitorais, ou o bolso dos

FIG.53 Hilde.
O Estado de S. Paulo, 03.07.63, p.4.
Fonte: BN

líderes trabalhistas. Independentemente da motivação para os atos ilícitos, o argumento central é mostrar Goulart como chefe de um governo corrupto.

Na reprodução da figura 54 temos de novo Goulart e o PTB, só que agora o PSD aparece também. Jango é o moleque louco para comer uma apetitosa torta, e bate os pezinhos no chão de tanta ansiedade. Os "tios", a quem o garotinho importuna com seus pedidos, representam os dois partidos: Amaral Peixoto, do PSD, e uma figura alegórica criada para simbolizar o PTB. Essa representação caricatural do Partido Trabalhista foi cunhada por Hilde Weber, que a usava com freqüência em trabalhos publicados no *Estado de S. Paulo* e na *Tribuna da Imprensa*. A representação alegórica do PTB é uma mistura de operário (macacão, ferramenta no bolso) e homem de negócios (cartola), uma construção irônica e arguta inspirada num partido que pretendia falar pelos trabalhadores, mas acolhia também muitos empresários em seus quadros. A cartola é também uma menção às negociatas atribuídas ao PTB, uma indicação de que se trataria de um partido "negocista".

FIG.54 Hilde. *O Estado de S. Paulo*, 17.07.63, p.4. Fonte: BN

O Janguinho da caricatura deseja um bolo/emenda constitucional, uma alusão às suas pretensões de reformar a Constituição para viabilizar o programa de reformas. É interessante ver que os dois homens parecem estar em situação desconfortável, e procuram por dinheiro em suas carteiras, com ar de que estão achando muito alto o custo do confeito. Há dois sentidos possíveis aí: de um lado, a idéia de que a reforma da Constituição é um doce difícil de conquistar, ou seja, uma proposta de tramitação complicada no Congresso; de outro, a sugestão de que a obtenção da almejada mercadoria demandaria uma compra de alto preço, quer dizer, a aprovação de mudanças constitucionais dependeria do dispêndio de somas vultosas, uma sugestão implícita de corrupção.

Na concepção de Biganti, autor da próxima imagem (figura 55), a solução para destruir os males da corrupção e da demagogia seria simples: Lacerda para presidente, nas eleições de 1965. Ele representou os dois malefícios através de animais repulsivos, uma estratégia tradicional na comunicação visual e no imaginário popular. De fato, a representação dos personagens por meio de figuras zoomorfas é uma maneira antiga de associá-los a imagens negativas, assustadoras ou repelentes. O rato, um bicho roedor, que remete a sujeira e lixo, foi escolhido para representar a corrupção; nesse caso, ele foi desenhado bem gordinho, de modo a evidenciar que já havia comido muito. E a serpente, réptil insinuante e perigoso, foi utilizada para evocar a demagogia, vista também como capaz de enganar e levar à perdição, como a serpente de Adão e Eva.

FIG.55 **Biganti.** *O Estado de S. Paulo*, 24.07.63, p.4. Fonte: BN

Lacerda é a espada pendendo por um fio sobre a cabeça dos bichos, numa releitura de história proveniente da Grécia clássica. Dâmocles era um cidadão comum e homem simples que almejava ser rei para experimentar as delícias do poder. O rei Dionisos, então, resolveu dar-lhe uma lição, convidando-o a ocupar o trono. Muito contente com sua sorte, Dâmocles preparou-se para o primeiro banquete, mas, quando sorvia uma taça de vinho, notou a espada pontiaguda pendurada no teto, apontada para sua cabeça. O rei Dionisos explicou ao assustado homem que a espada representava o outro lado do poder, o risco, que espreitava a cada decisão errada, ou revelava-se nos olhares dos invejosos.

A imagem alude, indiretamente, a João Goulart, que seria como o Dâmocles da história. Um homem que desejava o poder, porém estaria despreparado e alheio aos riscos que, no seu caso, seriam a demagogia e a corrupção. Se esta linha de leitura da imagem estiver correta, Jango/Dâmocles seria um sinônimo para corrupção e demagogia, e Lacerda seria a espada pairando sobre sua cabeça, pronta a puni-lo por seus erros. Aqui temos outro caso de caricatura de sentido mais sofisticado, pois a história de Dâmocles não é de ampla circulação. Porém, mesmo desconhecendo os detalhes da narrativa grega, o grande público entenderia o essencial: a representação de Lacerda como campeão na luta contra a demagogia e a corrupção.

Um dos casos mais rumorosos de denúncia de corrupção no governo Goulart ocorreu em janeiro de 1964, em meio ao agravamento da crise política. Surgiram sérias acusações envolvendo a diretoria da Petrobras e o caso repercutiu amplamente na imprensa. A pressão foi forte a ponto de o Congresso Nacional instalar uma Comissão Parlamentar de Inquérito para investigar as denúncias. A crise gerada pelo escândalo levou Jango a demitir o presidente da Petrobras, general Albino Silva, e nomear para seu lugar, como mencionado páginas atrás, o general Osvino Alves. As denúncias apontavam para a existência de desvios de recursos da estatal, que estariam tomando duas direções. Uma parte teria sido usada para financiar atividades de grupos de esquerda, como organização de eventos e publicações; outra teria rumado diretamente para os bolsos de alguns diretores da Petrobras.

Os caricaturistas não perderam a oportunidade, é claro, e o mote principal das imagens dedicadas ao escândalo foi a associação entre óleo e sujeira. Na reprodução da figura 56, Goulart recebe respingos de óleo de uma torre de petróleo, ou seja, as atividades ilícitas praticadas na estatal acabaram sujando sua figura.

Na caricatura seguinte (figura 57), o que vai sujar Goulart é um "mar de lama", que ameaça submergi-lo com a força de uma onda. A lama não está carac-

FIG.56 Hilde.
O Estado de S. Paulo, 06.02.64, p.4. Fonte: BN

FIG.57 Hilde. *O Estado de S. Paulo*, 04.02.64, p.4. Fonte: BN

terizada explicitamente como óleo, mas o desenho foi produzido no contexto da crise da Petrobras, e, sem dúvida, refere-se ao escândalo na estatal. Preocupado em defender-se contra a candidatura de Lacerda, o Jango da caricatura não se dá conta de que uma grande onda se prepara para derrubá-lo. Trata-se, também, de uma remissão a Getúlio Vargas, padrinho político de Goulart, que também teve seu mar de lama...

A última charge do capítulo nos leva a refletir sobre uma nuance importante das denúncias de corrupção no governo Goulart (figura 58). Freqüentemente, essa questão foi associada ao tema da infiltração comunista. Na charge de Theo, um militante comunista tenta esconder os escândalos da Petrobras, representados como uma figura monstruosa. Ele coloca na frente do "bicho" uma bandeira a favor das reformas, na concepção do artista uma tentativa frágil de desviar a atenção do público, pois a pequena faixa não é capaz de tapar tamanha monstruosidade. A charge acusa os comunistas de manipular as reivindicações reformistas com o objetivo de abafar o caso Petrobras.

Um dos ingredientes mais quentes da crise da estatal envolvia a presença de comunistas na empresa. Parte do teor explosivo do caso decorreu da sensibilidade anticomunista da grande imprensa, que apontou a existência de dois militantes do PCB na diretoria da empresa, acusados de desviar dinheiro para custear congressos estudantis, subvencionar jornais de esquerda e pagar viagens a países socialistas. Logo após sua demissão, o general Albino Silva abriu fogo contra os comunistas, atribuindo-lhes toda a responsabilidade pelas irregularidades.[1]

CORTINA DE... REFORMAS ou o BICHO ESCONDIDO COM TUDO DE FORA...

FIG.58 Theo. *O Globo*, 25.03.64, p.3. Fonte: HPMG

De acordo com as representações anticomunistas, o problema da corrupção era um desdobramento secundário da ameaça maior, o comunismo. Os “vermelhos” foram acusados de estimular a corrupção no intuito de aliciar os políticos “menos sensíveis aos fatores moral ou cívico”.[*] Segundo esse ponto de vista, comunismo e corrupção eram faces da mesma moeda, quer dizer, guardavam relações de interdependência: os políticos corruptos utilizariam os comunistas para manipular as massas populares, garantindo-se assim no poder, enquanto os comunistas, por seu lado, se aproveitariam da aliança para fortalecer sua organização e chegar mais próximo das instâncias de decisão.

Existe uma linha de interpretação que vê na luta contra a subversão e a corrupção a principal motivação dos golpistas de 1964. No entanto, seria mais preciso trocar o termo genérico “subversão” por “comunismo” e considerar secundárias as denúncias sobre corrupção. O problema da corrupção estava presente no debate político havia alguns anos, mas não produziria chama necessária para colocar em combustão aquela crise. O estudo das fontes da época demonstra que a corrupção foi assunto de segundo plano em meio à saraivada de críticas a João Goulart e seus aliados. Para sustentar esse ponto de vista, pode-se recorrer

[*] Segundo Porto Sobrinho, graças à ação dos comunistas “chegou-se entre nós a essa magnífica simbiose do comunismo com a corrupção, sob a égide do oficialismo”. (*A guerra psicológica no Brasil*, p.122)

a três argumentos. Primeiro, é preciso destacar que não apareceu nenhum caso rumoroso de corrupção envolvendo o presidente. Segundo, ainda estava muito próxima a sensação de decepção causada por Jânio Quadros, líder eleito para varrer a sujeira e cuja renúncia inexplicável deixou perplexos seus seguidores. As atitudes de Quadros deixaram no ar a sensação de que a retórica anticorrupção foi manipulada de modo oportunista, tornando mais difícil mobilizar, novamente, a sociedade por meio de tal argumento. Finalmente, dados o agravamento do quadro político no decorrer da gestão Goulart e a sensação de iminente ruptura institucional ou guerra civil, acusações sobre improbidade administrativa tornaram-se problema menor.

A temática da corrupção tendeu a adquirir centralidade no discurso dos defensores do golpe somente após o sucesso do movimento militar, quando ficou evidente que a "ameaça comunista" havia sido superestimada. Num discurso de 1965, o deputado João Calmon, personagem-chave da mobilização golpista, declarou: "Hoje, ninguém mais duvida de que existia, antes da vitória, muito mais corrupção do que comunismo. Nestes doze meses de depuração a ameaça vermelha se tornou ainda mais insignificante."[2]

6 A crise econômica e o monstro da inflação

Na primeira metade dos anos 1960, os problemas de natureza econômica assumiram importância crescente no debate público, tanto maior à medida que eles foram se agravando ao longo do período. Parte do problema decorria do sucesso da política desenvolvimentista implantada na gestão Kubitschek, que levou a economia a dar saltos de crescimento gigantescos. No entanto, a expansão acelerada deu origem também a desequilíbrios e impasses, principalmente no campo das trocas internacionais, gerando progressiva desordem nas contas externas.

O crescimento vertiginoso da indústria demandou aumento nas importações de tecnologia, máquinas e matérias-primas e produziu também intensificação na remessa de lucros das empresas estrangeiras, atraídas pelo surto expansionista. As divisas geradas pelas exportações, somadas aos recursos decorrentes da expansão dos investimentos de capital estrangeiro, não acompanharam o crescimento das importações e das remessas de lucros, tornando inevitável o déficit na balança de pagamentos. Incapaz de honrar os compromissos externos, o governo JK viu-se pressionado a recorrer ao Fundo Monetário Internacional (FMI) em busca de auxílio. No entanto, Kubitschek não estava disposto a comprometer seu plano de desenvolvimento, e, por isso, não quis aceitar as medidas saneadoras recomendadas pelo FMI, que implicavam cortes nos gastos públicos e redução nas taxas de crescimento. Num lance de alto impacto político, JK rompeu com o FMI em meados de 1959 por não aceitar o remédio recessivo sugerido pela agência internacional, legando a seus sucessores o problema do desajuste econômico externo.

O governo João Goulart herdou o problema do desequilíbrio nas contas internacionais, que veio a se agravar consideravelmente durante sua gestão. O Plano Trienal, concebido por Celso Furtado para implantação no início de 1963, pretendia equacionar a economia brasileira, tentando, simultaneamente, reduzir a inflação, aumentar o crescimento e ajustar as contas externas. Para tanto, o ambicioso plano desvalorizou a moeda, cortou subsídios estatais às importações de trigo e petróleo e planejou uma reforma fiscal. Para ter chances de sucesso, o Plano Trienal previa ainda a contenção dos salários do funcionalismo público e dependia do apoio do governo norte-americano, peça fundamental para a obtenção de crédito externo. Porém, pressões da esquerda contra os aspectos impopulares das medidas e as negociações com os EUA levaram o governo a abandonar o plano, e as tentativas de enfrentar os desafios econômicos foram postergadas. Como decorrência, o quadro econômico continuou a deteriorar-se.

A caricatura da figura 59 aborda o tema das pressões esquerdistas contra o Plano Trienal, mostrando Leonel Brizola e Sérgio Magalhães, líderes exponenciais da esquerda, preparando-se para enforcar San Tiago Dantas, que tenta equilibrar-se sobre a base frágil do plano, em vias de ser arrancada de seus pés. Vale observar em detalhe as roupas de Brizola, trajado como uma espécie de bandoleiro dos pampas. O Plano Trienal, na verdade, havia sido elaborado por Celso Furtado, mas como Dantas, ministro da Fazenda, era a principal autoridade na área econômica, as pressões tenderam a voltar-se contra ele. Além disso, alguns setores da esquerda desejavam a "cabeça" de Dantas por discordarem de sua atuação moderada na condução da política econômica. Desagradava-lhes em especial a postura de Dantas de negociar e transigir com os EUA. Na imagem são mencionadas tanto as pressões pelo abandono do plano quanto pela demissão de San Tiago Dantas, o que viria a acontecer dois meses depois.

FIG.59 Augusto Bandeira. *Correio da Manhã*, 26.04.63, p. 12. Fonte: BPUC/MG

Na caricatura seguinte (figura 60) critica-se o afã planejador do governo Goulart, visto como excessivo pelo caricaturista. Jango está se afogando sob uma densa pilha de pla-

FIG.60 Augusto Bandeira. *Correio da Manhã*, 23.11.62, p.12. Fonte: BPUC/MG

nos, e procura, desesperadamente, uma bóia para se apoiar. A mensagem implícita é que o presidente estava se arriscando ao permitir a disseminação de uma sanha planificadora entre os membros da equipe de governo. A proliferação de planos e projetos formulados por auxiliares econômicos e aliados políticos do governo estaria submetendo-o ao risco de perder o comando da situação. Gastando energia com a discussão de planos e perdendo tempo com debates e disputas intestinas entre os diversos grupos que o apoiavam, o presidente poderia ficar sem rumo político e tornar-se incapaz de governar.

Outra face do complicado quadro econômico enfrentado pelo governo Goulart, naturalmente, respondia pelo nome de inflação. Fenômeno de incidência modesta na economia brasileira durante a primeira metade do século, a inflação tornou-se problema sério a partir de fins dos anos 1950 e início da década de 1960. Para se ter uma idéia da evolução do quadro inflacionário, citamos alguns números. No ano final da Segunda Guerra Mundial, 1945, a inflação foi de 15%, tendo recuado para 9% em 1949. No ano de 1955, o primeiro do governo JK, ela já estava em 13%, e pulou para 31% em 1960; portanto, a inflação quase triplicou durante os anos de rápido crescimento do Plano de Metas. No período do governo Goulart a situação foi se agravando, pois, em 1961, o índice inflacionário passou a 35%, saltando para 52% em 1962 e 83% no ano seguinte. O ano de 1964 começou sob o peso de uma inflação galopante, que prometia superar os índices de 1963, e a sensação de que a economia caminhava para o abismo não facilitava em nada a situação de Goulart.

O recrudescimento da desvalorização monetária decorria de desequilíbrios econômicos gerados em governos anteriores, como o crescimento do déficit nas contas públicas provocado pela intensificação de obras e megaprojetos e o aumento nos preços gerado pela pressão da demanda aquecida. Jango herdou um quadro econômico bastante complicado e não conseguiu adotar políticas eficazes que melhorassem tal conjuntura. Na verdade, a situação piorou muito durante seu mandato, seja porque os problemas vinham num ritmo crescente, como uma avalanche, seja porque a tensão política gerou efeitos perversos na área econômica – como a redução de investimentos, atitude defensiva de empresas nacionais e estrangeiras inseguras quanto ao futuro. Os investidores estrangeiros retraíram-se por temer os pendores esquerdistas do governo, notadamente após ficar claro, no segundo semestre de 1963, que Jango iria regulamentar a lei restringindo a remessa de lucros obtidos pelas empresas multinacionais no país, o que veio a ocorrer em janeiro de 1964.

Outro foco importante de tensões residia nas relações entre os governos brasileiro e norte-americano, o que repercutia na dinâmica econômica. O governo Kennedy, embora não se opusesse à realização de reformas sociais, atua-va na defesa dos investimentos norte-americanos no Brasil, preocupando-se, principalmente, com a sorte das empresas em processo de nacionalização pelo governo brasileiro, como a Amforp (American and Foreign Power Company), no campo de fornecimento de energia. O crescimento do sentimento nacionalista no Brasil pressionava a favor da encampação das grandes companhias estrangeiras, notadamente as de setores sensíveis como comunicações e energia. Tentando agradar ao governo dos EUA e facilitar a obtenção de créditos para o Brasil, San Tiago Dantas negociou a indenização dos proprietários daquela empresa.

O acordo para a compra das subsidiárias da Amforp gerou enorme escândalo no Brasil, pois líderes da esquerda denunciaram que seus termos eram lesivos ao interesse nacional. Goulart resolveu suspender as negociações e esse recuo gerou um choque com o governo dos EUA, tema que é abordado na caricatura da figura 61. No desenho, vemos Kennedy e Goulart trocando um cumprimento que parece menos um aperto de mão e mais um choque elétrico no brasileiro.

FIG.61 Augusto Bandeira.
Correio da Manhã, 11.06.63, p.16.
Fonte: BPUC/MG

Jango, que traz na mão uma pasta representando as encampações,* vê Kennedy guardar a ajuda econômica norte-americana para o Brasil no bolso, que foi suspensa em decorrência do recuo brasileiro em relação às indenizações.

O governo dos EUA via com desconfiança e desagrado os pendores nacionalistas de Goulart, e assustava-se com os indícios de aumento da influência da esquerda sobre o presidente brasileiro, tendência que interpretava de acordo com o figurino da Guerra Fria. Nesse quadro, as autoridades norte-americanas começaram a criar embaraços aos interesses econômicos do Brasil, o que dificultava a obtenção de créditos para honrar os compromissos internacionais.

Além da inflação e do déficit nas contas internacionais, outra tendência nefasta começou a se manifestar na economia brasileira: a redução do crescimento. Os brasileiros, acostumados aos saltos surpreendentes do período JK que haviam gerado a sensação de crescimento vigoroso rumo a uma economia moderna, tiveram de amargar crescimento do PIB próximo a zero em 1963. E o ano de 1964 começou com

*As negociações envolviam também outras empresas norte-americanas em processo de desapropriação, como a ITT, do ramo telefônico, cuja filial gaúcha o governador Leonel Brizola procurava estatizar.

auspícios ainda piores, dada a intensificação de insegurança que invadia as classes altas, levando à redução de investimentos na área produtiva e a desvio de capitais para o exterior.

Como seria de esperar, os caricaturistas aproveitaram o quadro econômico negativo para bombardear o governo, responsabilizando-o pelo problema. Goulart era alvo freqüente desses ataques, que tendiam a se concentrar no tema da inflação, mas também sobraram petardos para as autoridades da área econômica. Na figura 62, vemos a utilização de metáfora recorrente na caricatura daqueles anos: o Papai Noel. É uma figuração comparando o governo ao bom velhinho, pois ambos deixariam presentes de fim de ano para as pessoas. Entretanto, trata-se de uma metáfora irônica, pois os presentes natalinos de Jango para o povo brasileiro não são bons, ao contrário, o ano novo prometeria apenas o agravamento da inflação.

FIG.62 Augusto Bandeira. *Correio da Manhã*, 04.12.62, p.16. Fonte: BPUC/MG

Há um detalhe importante para entender a crítica irônica presente na caricatura, que é a menção ao 13º salário no saco de presentes do Papai Noel. Esse benefício foi criado por Goulart em meados de 1962 e seria pago, pela primeira vez, no Natal daquele ano. Naturalmente, ao concedê-lo, Jango esperava obter o reconhecimento dos trabalhadores. Entretanto, a caricatura procura esvaziar essa idéia e retirar os louros pretendidos por Goulart, mostrando que o saco do Papai Noel, aparentemente, traz um ganho salarial para os brasileiros, mas a inflação iria anulá-lo em pouco tempo.

Uma das figuras mais bombardeadas pela imprensa no campo da política econômica foi San Tiago Dantas. O deputado petebista já servira a Goulart como ministro das Relações Exteriores na fase parlamentarista – período em que já havia sido bastante criticado –, e passou a ser o titular da Fazenda em janeiro de 1963, no início do governo presidencialista. Dantas dividia com Celso Furtado – ministro, sem pasta, do Planejamento – a responsabilidade de condução da política econômica do governo. Os dois aparecem juntos na figura 63 como os motoristas do calhambeque "Brasil", naturalmente, uma representação metafórica do país. En-

FIG.63 Augusto Bandeira.
Correio da Manhã, 21.02.63, p.14.
Fonte: BPUC/MG

FIG.64 Lan. *Jornal do Brasil*, 19.06.63, p.4. Fonte: HPMG

FIG.65 Augusto Bandeira.
Correio da Manhã, 14.07.63, p.18. Fonte: BPUC/MG

quanto tentam consertar aquela máquina velha e ultrapassada, Dantas e Furtado observam, estupefatos, a ultrapassagem de um carro veloz: a inflação.

Na figura 64 temos, de novo, a presença de Dantas, só que agora como ministro recém-demitido do governo, passando o cargo de titular da Fazenda a seu sucessor, Carvalho Pinto. O novo titular era ex-governador de São Paulo e sua nomeação foi uma tentativa de agradar o grande empresariado. O ministro que sai – feliz por ver-se livre do pesado encargo – acena aliviado para o novato. O elefante que envolve Carvalho Pinto num abraço apertado e incômodo é uma representação do estado calamitoso da economia brasileira, herança pesada legada ao novo responsável. Mais precisamente, o elefante é uma referência velada à inflação, fenômeno econômico que os caricaturistas se acostumaram a retratar lançando mão de bichos grandes e gordos, "gulosos" como o processo inflacionário. É interessante que esse tipo de representação deitou raízes na tradição caricatural, pois até anos recentes era comum a associação entre inflação e monstro.

Na figura 65, o que se vê é outra representação semelhante. No desenho, a inflação é mostrada como uma espécie de ratão, cuja pança enorme resulta de ter comido o salário dos trabalhadores. Goulart tenta beneficiar as famílias brasileiras com aumentos no salário mínimo, mas o ratão põe-se na frente e intercepta o alimento dirigido aos pobres.

Nessas primeiras imagens sobre o tema da inflação e da crise econômica, Goulart e seu governo aparecem como responsáveis pelos problemas, mas a crítica implícita sugere a incapacidade de resolvê-los, e não má-fé ou cálculo político. Entretanto, em outras caricaturas surgem ataques apontando Goulart como agente provocador da espiral inflacionária, a partir do suposto de que o agravamento da crise traria vantagens ao presidente. É um desdobramento da crença de que Goulart seria um político malicioso e astuto, um estrategista hábil cujo único interesse seria o de ampliar o próprio poder.

Na figura 66, Jango é retratado como um moleque de calças curtas e pés descalços, que, com jeito matreiro, amarra fogos de artifício num cavalo. O animal metafórico, a inflação, já está suficientemente agitado e nervoso, e é fácil imaginar sua reação quando os fogos começarem a estourar. A caixa de foguetes chama-se novo salário mínimo e contém a chave para compreender a caricatura. Diante das promessas do governo de aumentar o salário mínimo para acalmar a insatisfação dos segmentos populares mais afetados pelo crescente custo de vida e fortalecer a base de sustentação política de Goulart, Hilde denuncia a presença de objetivos ocultos. É possível perceber, na imagem, que Jango está sendo acusado de botar lenha na crise social e política em benefício próprio. Ao aumentar salários ele alimentava o fogo da inflação, pois colocava mais dinheiro

FIG.66 Hilde.
O Estado de S. Paulo,
01.03.64, p.4. Fonte: BN

em circulação, aumentando a demanda; simultaneamente, agradava suas bases e fortalecia sua popularidade, mostrando-se preocupado com a sorte dos pobres e dos trabalhadores. No entanto, o aumento dos salários só faria a inflação saltar mais, não trazendo benefício real à população, e a expressão facial de Goulart na caricatura sugere alguém maliciosamente ciente de seus atos.

Leitura semelhante pode ser feita da figura 67, em que Goulart aparece como médico psiquiatra tratando uma paciente com sintomas histéricos. A gorda e histérica inflação recebe uma injeção de tranqüilizantes do dr. João Goulart, mas o remédio não vai acalmá-la, ao contrário. Na caixinha, lê-se "elasticidade dos créditos", ou seja, o governo estaria expandindo a circulação de dinheiro na economia pela via do aumento das linhas de crédito, e isso implicaria, necessariamente, crescimento da inflação. A expressão facial do "médico" sugere que o tratamento aplicado à "doente" não era fruto de equívoco, mas de estratégia política.

Embora os problemas econômicos constituíssem elemento importante no debate político, o pequeno número de caricaturas que eles inspiraram merece reflexão. A economia era importante, é claro, mas atuou como elemento secundário na crise que redundou no golpe. Ao observarmos os discursos verbais no contexto, a sensação é a mesma: a temática econômica ficou em segundo plano. O elemento forte nas críticas dirigidas ao governo tinha natureza eminentemente política: as suspeitas despertadas por sua aliança com as esquerdas e a suposição de que Jango almejava tornar-se ditador. Vale ressaltar, como exemplificam as últimas caricaturas reproduzidas, que muita vez os ataques à política econômica governamental vinham mesclados a acusações sobre supostos projetos ocultos do presidente. O argumento de que Goulart, deliberadamente, deixava a situação econômica agravar-se era muito recorrente no discurso oposicionista, bem como a crença de que os comunistas seriam instigadores e beneficiários da inflação.

A diminuição do poder de compra dos salários e a insegurança gerada pela crise econômica agravaram o desequilíbrio social e atiçaram o descontentamento, levando a um quadro de greves constantes e distúrbios ocasionais, como quebradeiras e saques a lojas e mercearias. A maneira como o governo reagiu a esse quadro e o fato de ter compromissos com os líderes sindicais forneceu a seus críticos novas oportunidades de ataque. É o que veremos no próximo capítulo.

FIG.67 Hilde.
O Estado de S. Paulo,
25.07.63, p.4.
Fonte: BN

7 O movimento sindical e a onda grevista

Uma das questões mais candentes no debate político da primeira metade dos anos 1960 foi, sem dúvida, o movimento sindical. Durante aqueles anos ele passou por um crescimento notável, perceptível em duas vertentes: o surgimento de organizações sindicais de tipo horizontal e a intensificação da ocorrência de greves. As organizações sindicais formadas naquele momento, como o Pacto de Unidade e Ação (PUA) e o Comando Geral dos Trabalhadores (CGT), decorriam da tentativa dos líderes da esquerda de fugir à estrutura sindical corporativa, que previa a existência de órgãos verticais como federações, de âmbito regional, e confederações, de âmbito nacional. Nesse formato tradicional, concebido para evitar a politização das questões trabalhistas e para restringir as reivindicações dos trabalhadores ao plano exclusivamente salarial, os sindicatos representavam apenas as respectivas categorias, e participavam de uma estrutura piramidal que culminava numa confederação nacional.

Visando a criar entidades capazes de unir diferentes categorias, e assim dotar os trabalhadores de organizações fortes o suficiente para expressar demandas salariais e políticas coletivas, alguns líderes sindicais começaram a articular-se no final dos anos 1950. Daí surgiram a Comissão Permanente das Organizações Sindicais (CPOS) e o PUA, e, mais adiante, o Fórum Sindical de Debates (FSD) e o Pacto de Ação Conjunta (PAC). A experiência positiva desses primeiros organismos intersindicais serviu de estímulo à criação da entidade mais importante do gênero, o CGT, fundado em 1962. Com pouco tempo de funcionamento, o CGT adquiriu grande notoriedade, tornando-se instrumento poderoso de pressão política. Suas ações de maior impacto foram as greves gerais, na maioria motivadas por demandas políticas. Como exemplo, pode-se citar a greve de setembro de 1962, convocada para pressionar a favor da antecipação do plebiscito acerca do parlamentarismo.

A participação política das lideranças sindicais horrorizava a sensibilidade conservadora, que considerava inaceitável e perigosa a transformação dessas figuras em atores políticos de prestígio. Os temores eram ainda mais intensos graças à percepção de que o presidente Goulart dava cobertura às ações dos sindicalistas, em troca de apoio político. Na verdade, tratava-se de uma aliança construída nos anos anteriores, especialmente no período em que Jango foi ministro do Trabalho de Vargas (de junho de 1953 a fevereiro de 1954). Desde então, os laços de Goulart com os líderes do movimento sindical foram se estreitando, e estes forneceram apoio decisivo ao presidente em momentos importantes, como na campanha da legalidade que viabilizou sua posse, em agosto de 1961. Durante seu governo, Jango tratou os líderes sindicais como interlocutores privilegiados, e o fato de recebê-los no palácio presidencial escandalizava a opinião conservadora.

A espiral grevista foi outra manifestação do incremento da força dos sindicatos. Indubitavelmente, a partir de 1961 houve um aumento na ocorrência de greves no país, o que pode ser observado em uma pesquisa feita para a cidade do Rio de Janeiro.[1] Em 1961 foram 56 greves na cidade, contra as 35 eclodidas durante 1960. Em 1962, o total de paralisações passou a 61, enquanto em 1963 ocorreu novo aumento: 77 greves, mais do que o dobro em relação a 1960. Os dados referem-se apenas ao Rio de Janeiro, mas são representativos do quadro nacional, pois, embora a cidade não fosse mais a capital, continuava o maior centro político do Brasil. A percepção de que o país estava sendo engolfado por um surto grevista afrontou os grupos conservadores, cuja sensação era a de estarem assentados sobre um vulcão social, prestes a explodir. O medo era agravado pela presença de Goulart no governo, a quem viam como político instigador dos movimentos sociais radicais, e não um chefe de Estado fiador da manutenção da ordem social, como acreditavam ser a postura correta de um presidente.

Os vínculos estreitos entre Jango e os líderes sindicais alimentaram muitas cogitações e boatos, como a idéia de que ele pretendia transformar o Brasil numa República sindicalista. Essa imagem era um tanto vaga; é difícil encontrar nos discursos da oposição uma definição clara do que seria esse regime supostamente pretendido por Jango. Por trás da imaginada República sindicalista estava apenas a sugestão de que o presidente poderia estabelecer um tipo de governo autoritário escorado no apoio dos sindicatos. Comparava-se Goulart ao líder argentino Juan Perón (ver figura 104, mais adiante), na suposição de que o político gaúcho inspirava-se no modelo peronista para obter uma popularidade sólida nos meios operários e proletários.

As críticas usando o argumento da República sindicalista, entretanto, não foram tão freqüentes como alguns autores supõem, e tampouco tiveram circulação ampla nos discursos oposicionistas. Mais fortes e recorrentes foram os ataques baseados no argumento anticomunista, ou seja, as denúncias de que

FIG.68 Augusto Bandeira. *Correio da Manhã*, 21.09.63, p.6. Fonte: BPUC/MG

Goulart aliara-se aos comunistas para implantar um regime autoritário no Brasil. O apoio dos sindicatos ao presidente, que, em contrapartida, tratava com deferência os líderes do movimento social, constituía aos olhos dos grupos conservadores uma confirmação de seus temores. Tal leitura maniqueísta do jogo político escamoteava o relacionamento, por vezes tenso, entre Goulart e a esquerda revolucionária. De fato, havia uma aliança entre o presidente e o mais forte partido revolucionário da época, o Partido Comunista Brasileiro, ou PCB, mas também existia entre eles uma disputa pelo controle dos movimentos sociais, notadamente dos sindicatos. Goulart não confiava inteiramente nos comunistas, e esses viviam sob o constante temor de que o presidente desse uma guinada à direita e passasse a persegui-los.

Uma convergência mais estreita entre Jango e os comunistas no movimento sindical começou a partir de janeiro de 1964, quando teve lugar decisiva eleição na Confederação Nacional dos Trabalhadores da Indústria (CNTI). Após alguma hesitação e jogo de cena, Goulart optou por apoiar a chapa dos comunistas, deixando à míngua a chapa pelega, que tinha a simpatia do empresariado. A vitória dos comunistas significou para Goulart a perda do apoio dos grandes empresários paulistas, que se instalaram definitivamente na oposição. Logo a seguir, outro episódio demonstraria o apoio entusiástico dos sindicalistas comunistas: o comício de 13 de março de 1964, na Central do Brasil. O evento foi organizado pela cúpula do CGT, que chegou a participar de reuniões com Goulart para definir detalhes do comício, como a escolha dos líderes que fariam uso da palavra e a ordem dos discursos. A presença de numerosas bandeiras com foices e martelos em meio ao público presente foi interpretada como prova insofismável da influência comunista sobre o governo.

Foram muitas as caricaturas sobre temas relacionados ao sindicalismo, às greves e à intranqüilidade social, geralmente abordando tais assuntos em face das atitudes e estratégias do governo Goulart. A figura 68 faz referência ao conturbado quadro social e político do segundo semestre de 1963, marcado por intensificação das greves e instabilidade militar. Na cena, vários objetos são atirados, alguns deles quebrados, e há a presença de cartazes grevistas e armas. O fuzil, o revólver e a granada são referências à rebeldia nos quartéis, especialmente após a tentativa dos sargentos de ocuparem Brasília, em setembro de 1963.* Há também cédulas de dinheiro voando pelo ar, e uma delas Jango segura com a mão esquerda... Detalhe intrigante: sob sua mão direita, Goulart segura o texto rasgado do estado de sítio, mas a caricatura é anterior a esse episódio, que aconteceu cerca de duas semanas depois. Essa menção é indício de que se pode ter começado a cogitar o estado de sítio ainda em setembro, e inclusive de que o boato já se propagava fora do círculo íntimo do poder. De qualquer modo, a mensagem principal da caricatura é uma crítica irônica ao presidente, que fala à nação, por meio de microfone, e tenta passar imagem de calma e serenidade ("reina a tranqüilidade"), enquanto a situação à sua volta é de verdadeira anarquia.

Na imagem seguinte (figura 69), temos novamente a Guanabara na figura de uma mulher linda, de biquíni, na praia. Porém, seu sossego e sua beleza estão ameaçados por homens mal-encarados, brutamontes representando diversas categorias em greve. Minucioso, o desenhista teve o cuidado de caracterizar cada figura de acordo com a indumentária típica da respectiva categoria, como o bancário de terno e o metalúrgico de macacão. A caricatura é uma alusão ao fato de a Guanabara (a cidade do Rio de Janeiro) concentrar numerosas e freqüentes greves, o que na visão do caricaturista seria prejudicial à cidade. Pode significar, também, uma referência ao governo da Guanabara, sob controle do oposicionista Carlos Lacerda, cujos seguidores viviam denunciando o cerco das esquerdas, acusadas de sabotar e criar dificuldades para o governador.

* Em 12 de setembro de 1963, um grupo composto por centenas de sargentos rebelou-se na capital federal, ocupando prédios da administração pública. Eles protestavam contra a decisão do Supremo Tribunal Federal, que considerou os sargentos inelegíveis para cargos de representação parlamentar.

FIG.69
Augusto Bandeira.
Correio da Manhã, 31.07.63, p.12.
Fonte: BPUC/MG

A figura 70, por meio de interessante metáfora cibernética, critica a suposta ligação oculta entre Goulart e os movimentos grevistas. O presidente aparece comandando o "mecanismo" da greve, um robô, que ele controla com dispositivo eletrônico. As máquinas são caracterizadas pela ausência de vontade própria, constituindo-se em artefatos mecânicos cujas ações são conduzidas por uma inteligência superior. O robô foi escolhido como metáfora exatamente por isso, para representar as greves como eventos artificiais, criações estranhas ao interesse dos trabalhadores, motivadas por intenções políticas escusas. O tema central da caricatura é apresentar o surto grevista como algo instigado por Jango, que manipularia as lutas proletárias visando à consecução de seu projeto político.

No entanto, a imagem sugere também outra idéia que fazia parte do repertório das críticas ao governo. Goulart parece estar perdendo o controle sobre o robô, pois seu corpo vibra em movimentos frenéticos, como se estivesse apertando os botões alucinadamente. Alguns detalhes na composição do rosto do personagem sugerem ansiedade, como a boca contraída e os respingos de suor, ao mesmo tempo em que olha preocupado para o robô. O monstro mecânico parece não responder mais aos comandos de seu mestre, e dirige-se para ele com os braços estendidos, como se fosse agarrá-lo. A sugestão implícita é que Jango havia criado as greves para alcançar fins próprios, mas corria o risco de perder o controle e ser tragado pelo fenômeno grevista.

Argumento semelhante foi desenvolvido na caricatura seguinte (figura 71), só que desta feita não se mencionam as greves, mas o CGT, e o signo mobilizado

FIG.70 Augusto Bandeira. *Correio da Manhã*, 19.09.62, p.10. Fonte: BPUC/MG

para sugerir o perigo é um animal, e não mais um monstro mecânico. A criatura não foi escolhida aleatoriamente, pois a serpente possui forte carga simbólica no imaginário de diversos povos, sendo uma das figuras mais antigas e universais para representar o mal. Na imagem, Jango aparece como o encantador de serpentes, que usa a flauta para comandar o réptil e evitar suas investidas venenosas.

A perigosa serpente era o CGT, sigla que para os liberais e conservadores significava grevismo e ameaça à ordem social. Goulart tenta amansar o "bicho", fazê-lo obedecer ao seu comando, como um verdadeiro encantador. Porém, a caricatura mostra o presidente em situação delicada, pois está em vias de ser estrangulado pelo réptil que, aparentemente, escapa ao controle do mestre e o encara com olhar sinistro e bocarra ameaçadora. A metáfora não poderia ser mais clara: Jango, em seu afã de controlar os sindicatos em proveito próprio, estaria correndo sério risco de ver o movimento organizado dos trabalhadores se voltar contra ele.

Na figura 72, mais uma menção às relações perigosas entre Goulart e o movimento sindical, que, segundo o olhar de Hilde, poderiam vir a se tornar "explosivas". O título da caricatura conduz à idéia de suicídio; no presente caso, um haraquiri político. Entretanto, ao contrário de um verdadeiro suicida, o Jango retratado pela caricaturista não vai ao encontro da morte de maneira consciente. A expressão tranqüila e despreocupada conota alheamento em relação aos perigos circundantes. E é isso que confere à cena certa comicidade, o contraste entre a bomba

FIG.71 Augusto Bandeira. *Correio da Manhã*, 12.06.63, p.12. Fonte: BPUC/MG

FIG.72 Hilde. *Tribuna da Imprensa*, 23.09.61, p.4. Fonte: BN

prestes a detonar e o ar ingênuo de Goulart. Ele acende o pavio de uma bomba intitulada sindicalismo e parece não se dar conta de que o petardo está em seu bolso, pronto a explodir, literalmente, em seu colo. De novo, o argumento político implícito é que a mobilização dos sindicatos encerrava perigos palpáveis para o país, bem como colocava em ameaça o próprio Jango.

A caricatura seguinte (figura 73) enquadra-se no gênero comentário político, pois refere-se a um evento específico: a demissão de um comandante militar. Mas, sem dúvida, contribuiu para a construção da imagem negativa do movimento sindical, notadamente do CGT, apresentado como grupo sinistro e perigoso. O episódio em questão foi a demissão do general Peri Bevilacqua, comandante do II Exército. Ele foi removido da chefia de um dos comandos mais importantes do Exército após declarações públicas contendo críticas ao movimento sindical, particularmente ao CGT. Pressionado por líderes das esquerdas e do movimento sindical, Goulart decidiu remover Bevilacqua do comando. Esse general viria a ser um dos participantes do golpe de 1964.

É interessante mencionar que o general não pertencia à ala direitista do Exército, pois esteve entre os setores favoráveis à posse de Jango, em agosto de 1961, e passou a figurar no quadro dos oficiais nacionalistas. Posteriormente, durante o regime militar, veio a entrar em choque com a linha dura, o que resultou em seu

FIG.73 Biganti. *O Estado de S. Paulo*, 24.09.63, p.4. Fonte: BN

afastamento dos círculos do poder e em sua remoção do Supremo Tribunal Militar, onde vinha defendendo posições moderadas e resistindo à truculência crescente do novo Estado.[2] Embora não figurasse entre a direita militar e, inicialmente, estivesse entre os apoiadores de Goulart, Bevilacqua começou a sentir-se desconfortável com a intensificação do movimento grevista. Após a revolta dos sargentos, em setembro de 1963, divulgou uma nota oficial em que atacava os revoltosos, mas atingia também os líderes sindicais, chamados por ele de malfeitores.

A caricatura foi elaborada no contexto da demissão de Bevilacqua. O CGT, novamente, é representado como um animal perigoso, desta vez um cão de aspecto ferocíssimo. João Goulart aplaca o apetite do cachorro, na expectativa de acalmá-lo, oferecendo-lhe um osso – a substituição do general. É significativo que a caricatura sugira uma situação de tensão não resolvida: Jango tenta distrair o cão com o osso, mas não está claro se o bicho vai se contentar com o presente. Goulart está se inclinando para pegar a coleira, solta no chão, detalhe a sugerir que ele ainda não tem o animal sob controle. A caricatura deixa uma dúvida no ar: o CGT vai ficar dócil após ganhar o osso, ou vai morder a mão do dono? Ou, ainda, o osso servirá apenas de aperitivo e aumentará o apetite do cão, que, assim, exigirá mais do governo?

Por falar na revolta dos sargentos, fato que levou outros oficiais militares a afastarem-se de Goulart, a figura 74 reproduz uma das caricaturas que mencionam o evento. O presidente é retratado como uma espécie de ginasta olímpico, especialista em salto. O "atleta" da política conseguiu pular o mês de agosto, con-

FIG.74 Augusto Bandeira. *Correio da Manhã*, 15.09.63, p.20. Fonte: BPUC/MG

siderado azarado e ruim para qualquer um, mas, na época, tido como especialmente nefasto para os políticos. Porém, sarcasticamente, o caricaturista mostrou que o agosto de Goulart caiu no mês seguinte, pois ele conseguiu pular o mês aziago apenas para cair num mês de setembro espinhoso, uma referência sutil à crise provocada pela revolta dos sargentos.

Outro viés de crítica às alianças sindicais de Jango aparece na figura 75, em que ele é carregado nos braços por representantes dos sindicatos. O tema é a denúncia do suposto caráter artificial das mobilizações populares pró-Goulart, apresentadas como fruto de manipulação da máquina estatal. As siglas nas camisetas dos homens que carregam o presidente denotam sua condição de sindicalistas: CGT, FSD e PAC. Para compreender a provocação feita pela caricatura é preciso notar o contraste irônico entre o título, "Manifestação popular", e o cenário traçado no desenho. O fato de a artista ter colocado o título entre aspas é sugestivo, uma indicação de que não deve ser levado ao pé da letra.

Porém, o principal é que o desenho acusa a manifestação popular a favor de Jango de não ter povo. O presidente está sendo carregado somente pelos sindicalistas, enquanto os verdadeiros populares, nas ruas, olham para a cena com desinteresse ou espanto. A popularidade de Goulart, segundo a caricatura, resume-se a seu prestígio entre os sindicalistas; tratar-se-ia de uma popularidade sem povo. O sentido implícito é que o apoio dos sindicatos era utilizado para afiançar o prestígio popular do governo, mas isso não passaria de manobra política, pois o povo mos-

FIG.75 Hilde. *O Estado de S. Paulo*, 05.10.63, p.4. Fonte: BN

tra-se inerte e indiferente. As expressões faciais estampadas nos rostos dos sindicalistas constituem detalhe fundamental para interpretar a imagem. Eles têm aspecto de malandro, uma fisionomia de quem está fazendo alguma pilantragem; o efeito visual para sugerir essa atitude vem dos olhos, particularmente das sobrancelhas arqueadas para cima, e dos traços das bocas. A boca do último homem revela um sorriso, uma expressão que conota atitude ardilosa e trapaceira.

Por que o jeito malandro dos sindicalistas nessa concepção caricatural? Porque estariam ajudando a enganar a sociedade, ao tentar emprestar um colorido popular a Goulart, mas, também, por serem beneficiários de uma relação privilegiada com a máquina pública. A imagem traduz um dos temas mais fortes da crítica liberal e conservadora à máquina sindical sob controle dos trabalhistas: a denúncia de que a estrutura corporativa criava líderes privilegiados, os pelegos, cujas mordomias dependiam da manutenção desse sistema sob controle do PTB. Conforme o discurso da oposição liberal-conservadora, e também de acordo com a caricatura, os pelegos apoiavam Jango visando a ganhos individuais, quais sejam, a preservação da estrutura sindical-corporativa que lhes garantia vantagens materiais.

Na próxima imagem (figura 76), de novo o assunto são as ligações de Goulart com os sindicalistas, apresentadas como espúrias e desonestas. A cena representa uma mesa de negociação ou, talvez, de jogo. Quatro personagens

FIG.76 Hilde.
O Estado de S. Paulo, 05.12.63, p.4. Fonte: BN

estão sentados, em atitude suspeita e reservada, como se estivessem envolvidos em algum jogo com apostas, proibido à época – daí a postura furtiva, na penumbra. Mas a mesma ambientação sugere a realização de negociação secreta, a prática de algum acerto escuso. Na verdade, pouca diferença há entre as duas possibilidades de interpretar a imagem: ambas convergem para a idéia de ação ilícita, de negócio sujo.

O personagem sentado à esquerda é Goulart e, a seu lado, jogando ou fazendo negócio com ele, aparecem o PTB – representado pela figura criada por Hilde, misto de operário e negocista –, o CGT e o PUA. O homem do CGT parece colocar a mão no ombro de Goulart (ou apenas a levanta?), o que seria ato de intimidade e falta de decoro, pois revelaria um contato promíscuo entre um líder sindical e o presidente da República. Enquanto essa cena ocorre no fundo da sala, no primeiro plano o Congresso Nacional finge não ver nada, e assobia, com ar sonolento, enquanto olha para o outro lado. Resumindo: Jango faz negócios escusos com as esquerdas e os sindicatos, ao arrepio do interesse público, ao passo que o Congresso e, por extensão, os partidos políticos estariam se furtando ao dever cívico de fiscalizar e coibir tais abusos.

Em suma, o que as caricaturas dedicadas ao tema dos sindicatos e das greves mostram é um quadro inquietante. O país parecia a ponto de derivar para o caos, por causa da desorganização da produção e do colapso dos serviços. Os movimentos grevistas esconderiam líderes sindicais ansiosos por subverter a ordem e destruir as instituições. Se isso já não bastasse para deixar em sobressalto a opinião liberal-conservadora, o presidente da República é apontado como instigador da desordem, o motor oculto que colocou em movimento o mecanismo subversivo, do qual esperaria beneficiar-se.

Ainda de acordo com tais visões, tratava-se de movimentos e conluios artificiais, desligados dos interesses e das preocupações do povo brasileiro, e, com isso, algumas dessas caricaturas ajudaram a questionar a legitimidade da liderança de Goulart. Além de ser mostrado como subversivo e perigoso, o movimento sindical é retratado como artificial, o que coloca em dúvida sua capacidade de expressar interesses e demandas efetivas da sociedade.

8 O governo e as reformas

Em meio aos temas que alimentaram o debate político durante os anos tumultuosos do governo Goulart, a questão das reformas merece atenção especial. Desde o início da sua gestão, Jango deu indicações – nos próprios discursos e através da fala de auxiliares e aliados – de que seu governo adotaria matizes reformistas. Tal disposição decorria, em parte, das convicções ideológicas de membros do governo, que tinha quadros oriundos das várias facções da esquerda: trabalhistas, socialistas, cristãos de esquerda e comunistas. Vale ressaltar: apesar das aparências e dos temores dos conservadores, os últimos foram os menos numerosos entre os esquerdistas chamados ao governo. Porém, era um governo de formação híbrida, acolhendo também lideranças de centro e mesmo alguns liberais que, dobrando-se à pressão da conjuntura, assumiam uma retórica favorável a reformas de inspiração nacionalista e estatizante.

O impulso reformista era alimentado, igualmente, pelo surgimento e/ou fortalecimento de movimentos sociais que clamavam por mudanças nas estruturas do país. Particularmente importante foi o aparecimento de movimentos organizados entre camponeses e trabalhadores rurais, que colocavam em xeque o *status quo* no campo e pressionavam pela realização da reforma agrária. Nessa área, os marcos mais importantes foram a formação das Ligas Camponesas, no final dos anos 1950, a realização do I Congresso de Lavradores e Trabalhadores Agrícolas do Brasil, em 1961, e a fundação da Confederação Nacional dos Trabalhadores da Agricultura (Contag), em 1963. Esses esforços voltados à organização de movimentos sociais no campo foram acompanhados da eclosão de conflitos graves, como invasões de propriedades e assassinatos, que colocavam as autoridades em situação delicada. E havia ainda as demandas urbanas, como as apresentadas pelos movimentos sindical, estudantil e de associações de moradores, aí incluídos os movimentos dos habitantes de favelas.

Além do quadro político e social do país, deve ser considerado o contexto internacional, igualmente propício a propostas reformadoras ou revolucionárias. No início da década de 1960 pipocavam rebeliões e movimentos de contestação por toda parte, na Ásia, na África e na América. Neste continente vivia-se o entusiasmo da experiência revolucionária cubana, que alimentou as utopias de tantos jovens brasileiros; mesmo nos Estados Unidos a época era de mudanças, com a eclosão de movimentos exigindo respeito aos direitos civis dos negros.

Assim, e dado o perfil ideológico de setores do governo Goulart, não surpreende que seu projeto político incorporasse demandas reformistas. Naturalmente, não estavam em jogo apenas convicções e ideais, mas também a disputa por poder. Ao apoiar projetos reformistas, Jango pretendia fortalecer sua base de sustentação política, consolidando uma imagem de líder dedicado aos interesses do povo. As reformas e a retórica reformista tornaram-se demandas de alto impacto popular, e também eleitoral. Afirmar isso não implica dizer que o reformismo do presidente resultava, meramente, de cálculo político e eleitoral. Ambições políticas e a sedução do poder são perfeitamente compatíveis com a afirmação de programas ideológicos.

O tema das reformas de base, efetivamente, tornou-se naqueles anos uma questão central no debate público, ajudando a demarcar o campo político. E, exatamente por causa de seu forte apelo popular, transformou-se em bandeira política disputada por várias lideranças. Os caricaturistas não deixariam de explorar tema tão candente. Na figura 77, vemos as reformas de base representadas como uma mulher linda e sedutora, uma verdadeira *miss*, como sugere a faixa em seu corpo, disposta do modo utilizado pelas modelos de concursos de beleza. A beldade é disputada por vários políticos, ansiosos por desfrutar sua companhia. A seu lado caminham Juscelino Kubitschek e João Goulart, enquanto correm atrás, carregando flores e bombons, os governadores Miguel Arraes e Magalhães Pinto, todos lançando olhares gulosos para a moça. O governador mineiro foi representado de maneira hilariante, com traços que mobilizam elementos cômicos a partir de um retrato caricatural grotesco. O caricaturista não teve piedade de Magalhães Pinto, e realçou sua feiúra ao mostrá-lo como uma espécie de gárgula ou corcunda, algo como uma fera apaixonada pela bela.

Na figura 78 aparece o mesmo argumento, apresentado através de uma metáfora futebolística. Só que se trata de um tipo de futebol pouco comum no Brasil, o americano, provavelmente escolhido por se tratar de versão mais violenta do esporte, em que a disputa pela bola é mais bruta e os jogadores podem usar artifícios

FIG.77 Augusto Bandeira. *Correio da Manhã*, 04.02.64, p.6. Fonte: BPUC/MG

FIG.78 Augusto Bandeira. *Correio da Manhã*, 22.02.64, p.6. Fonte: BPUC/MG

menos nobres para ganhar. É uma metáfora forte, usada para aproximar a política brasileira e o futebol americano: um jogo duro, violento, cujas regras permitem algumas pancadas e encontrões. Os jogadores retratados por Augusto Bandeira são Brizola, Goulart, Kubitschek, San Tiago Dantas, Magalhães Pinto e Carlos Lacerda, brutamontes engalfinhados em disputa pela bola "reformas de base". Detalhe curioso: a bola escapa ao domínio de todos eles, roubada pelo bichinho que funciona como mascote nas caricaturas de Bandeira, uma espécie de diabinho. Os políticos estavam tão concentrados em aplicar golpes uns aos outros – pescoções, gravatas e cotoveladas – que deixaram de lado o principal, a bola, ou as reformas. O sentido implícito é que as reformas, na verdade, seriam secundárias nas disputas entre os políticos, apenas uma alavanca para a conquista do poder.

Na imagem seguinte (figura 79), o artista lança mão de artifício tradicional no universo cômico, representando os líderes políticos como crianças. Nesse caso, Goulart, Brizola e Lacerda aparecem como escolares que disputam a maneira correta de resolver a fórmula desenhada no quadro-negro. A "equação matemática", composta do somatório de erres, é interpretada de diferentes maneiras pelos políticos de calças curtas, revelando o posicionamento de cada um no debate da época. As atitudes das três figuras representam as principais formas de encarar o problema das reformas naqueles anos, e os projetos em disputa no cenário político.

Para Jango, que está mais próximo da lousa, as reformas sociais, especialmente a agrária, dependem da realização de reformas nas instituições políticas. De acordo com seu ponto de vista, seria necessário, primeiro, alterar a Constituição para que as reformas pudessem se viabilizar. Para Brizola, e os grupos radicais que ele representa na imagem, as reformas só sairiam do papel se houvesse mobilização popular e pressão sobre o governo e o Congresso. Nesse viés, as mudanças sociais demandariam algum tipo de processo revolucionário, pois se acreditava que as elites não aceitariam, pacificamente, alterações nas estruturas sociais e econômicas. Para os segmentos da esquerda representados por Brizola, a realização das reformas poderia implicar choques violentos contra os defensores da ordem, e eles estavam dispostos

FIG.79 Lan. *Jornal do Brasil*, 05.06.63, p.4.
Fonte: HPMG

a encarar qualquer situação para conseguir seu intento. Daí ter surgido o lema "reformas na lei ou na marra", que expressava o estado de espírito das facções radicalizadas das esquerdas, dispostas a enveredar pela senda revolucionária caso necessário. O "garoto" Carlos Lacerda representa a opinião dos grupos de direita opostos à realização das reformas, e por isso, na caricatura, ele reduz as formulações reformistas a zero.

As reformas de base, um dos principais temas a polarizar o debate político nos anos 1960, consistiam num programa amplo, cuja ambição era reformular diversos setores da vida nacional. As reformas mais presentes nos discursos das esquerdas e da ala progressista do governo eram: agrária, urbana, bancária, universitária e política. Entretanto, dada sua repercussão social, sem dúvida a mais importante era a agrária, que promoveu a mobilização de lideranças e movimentos sociais no campo, e a contramovimentação de fazendeiros e ruralistas. Os conflitos, assassinatos e invasões de terra, fenômenos cuja incidência aumentou no decorrer do período, galvanizaram as atenções, tornando o problema da terra uma questão nacional.

O tema da reforma agrária e o da emergência dos movimentos sociais no campo estão muito presentes na produção caricatural daqueles anos. Algumas vezes foram o assunto principal das caricaturas, mas era mais freqüente aparecerem como tema secundário. Porém, e paradoxalmente, representações do próprio camponês ou do trabalhador rural eram mais raras, pelo menos nas caricaturas publicadas na grande imprensa. Os desenhos que abordam a reforma agrária, com freqüência, retratam políticos como Jango, Brizola ou San Tiago Dantas, ou fazem menções simbólicas através da presença de foices (que servem também para evocar o risco revolucionário), mas geralmente o homem do campo não aparece. Nos poucos casos em que isso acontece direta e explicitamente, o que vemos é uma imagem perturbadora, pois o camponês é geralmente representado como figura ameaçadora capaz de colocar em xeque a ordem social (como no exemplo já citado da figura 1).

A charge da figura 80 é uma das poucas a mencionar o trabalhador rural, desenhado com chapéu de palha e foice. Os pés descalços são uma referência à pobreza dos camponeses e ao atraso das relações de trabalho no campo. Dessa feita, o camponês é mostrado como brutamontes, cuja força física sugere a possibilidade latente de conflito social – que, a julgar por seus músculos, ele teria chance de vencer. A charge foi publicada pouco após o plebiscito que restaurou o presidencialismo e cancelou o Ato Adicional parlamentarista, e esse detalhe é fundamental para compreender seu sentido. Na cena, vemos um indivíduo caracterizado como rico e ocioso (chapéu elegante, charuto, bebida) descansando sobre um terreno gramado e protegido por uma cerca. Ele representa o Ato Adicional, como está escrito em sua barriga, e na tabuleta lê-se que a Constituição proíbe pisar na grama. Refestelando-se em seu repouso confortável, o burguês é incomodado pelo campônio, que avisa: "Eu já disse não!" Ou seja, ele já votara contra a manutenção do parlamentarismo.

FIG.80 Lan. *Jornal do Brasil*, 11.01.63, p.4.
Fonte: HPMG

O significado do desenho poderia ser interpretado da seguinte maneira: o Ato Adicional, no interesse de fazendeiros e capitalistas, vinha servindo de escudo contra as reformas sociais; ao impedir um presidente reformista de realizar mudanças nas estruturas sociais, ele garantia o sossego dos poderosos, inclusive no que se refere à manutenção da propriedade da terra. Talvez por isso a proibição de "pisar na grama", uma referência metafórica ao anseio por reforma agrária, barrado pela Constituição. No entanto, o tranqüilo burguês da charge desconhecia que o Ato Adicional acabava de ser extinto pelo voto popular, e o camponês rústico, ao cutucá-lo com o dedo, seria o portador da novidade. O fato de Lan ter usado um trabalhador rural para representar o povo, bem como a presença do gramado na cena, permite aprofundar a interpretação. O retorno ao presidencialismo seria uma porta aberta para o avanço das reformas sociais, e aquele camponês pretenderia "pisar no gramado", ou seja, reclamar seu quinhão de terra, o que vinha sendo negado até então pelo rico e ocioso "dono do pedaço".

Apesar das acusações de ambigüidade, o governo Goulart tomou atitudes efetivas a favor da causa camponesa, principalmente após a vitória do presidencialismo. No início de 1963, começaram a tramitar duas iniciativas legislativas importantes nessa área, ambas coordenadas por políticos ligados ao governo: o Estatuto do Trabalhador Rural e a proposta de emenda constitucional. No primeiro caso, tratava-se de um código legal que concedia aos homens do campo direitos semelhantes aos que a legislação trabalhista conferia aos trabalhadores urbanos: salário mínimo, férias, direitos sindicais etc. Apesar dos protestos dos grandes fazendeiros, a lei foi aprovada em meados de 1963, e teve como efeito mais imediato uma onda de criação de sindicatos nas zonas rurais, em parte impulsionada pela concorrência entre as diversas facções da esquerda, ansiosas por disputar o comando desses movimentos sociais. À direita, a nova lei e seus desdobramentos geraram enorme ansiedade, pois se imaginava a eclosão de uma massa de camponeses politizados sob comando de líderes radicais. Previsivelmente, os conservadores responsabilizaram o governo pelo aumento das tensões no campo, acusando-o de instigar a revolução social.

A proposta da emenda constitucional gerou implicações ainda mais complexas, que acabaram por inviabilizar sua aprovação. A Constituição de 1946 estipulava a possibilidade de desapropriação por interesse social, mas condicionava a aplicação do dispositivo à indenização prévia em dinheiro. Os defensores da reforma agrária consideravam que o preceito constitucional tornava-a impraticável, pois o Estado não teria os recursos necessários para pagar em dinheiro as terras a serem desapropriadas. Além disso, temia-se o risco de transformar a operação em um grande negócio para os proprietários. Vale ressalvar que essa opinião não era exclusividade das esquerdas. Alguns políticos e líderes moderados concordavam com a necessidade de alterar a Carta Magna para viabilizar a reforma agrária, de modo a indenizar os antigos donos das terras com títulos federais. Já os proprietários denunciavam essas desapropriações como esbulho, um atentado inadmissível ao direito à propriedade.

O Partido Trabalhista Brasileiro enviou um projeto de emenda à Constituição, em abril de 1963, alterando o artigo relativo às desapropriações para permitir indenização em títulos públicos resgatáveis a longo prazo. O debate no Congresso foi bastante acalorado, e a proposta acabou sendo derrotada após o fracasso das iniciativas visando a encontrar fórmulas conciliatórias e intermediárias. A atitude de Goulart no episódio foi, então, considerada ambígua, pois o presidente não assumiu postura decidida em apoio à emenda do PTB e tampouco se esforçou para que uma saída negociada pudesse ser encontrada. Observadores e líderes políticos tiraram conclusões diferentes da posição assumida por Jango. Para alguns, sua ação revelava um caráter indeciso e inseguro, de um líder que não possuía definições nem projetos claros. Na opinião de outros, não se tratava de ambigüidade, mas de estratégia: Goulart estaria apostando no impasse e no agravamento da crise política. Com a derrota do projeto de emenda, em meados de 1963, praticamente ficava sepultada a possibilidade de reforma da Constituição com a concordância do Congresso. Mas o assunto continuou ecoando no debate político e a produção caricatural não poderia deixar de abordá-lo.

Na figura 81, Goulart é retratado como alguém que deseja uma reforma estética da mulher, e, para isso, consulta um cirurgião plástico. A construção metafórica é simples, mas resulta numa mensagem política incisiva e engraçada. A mulher feia que acompanha Jango é a Constituição: ela é retratada como uma velha senhora, o que se depreende do rosto e da vestimenta antiga, fora de moda; há também a sugestão de se tratar de figura aristocrática, conservadora, dado o seu porte ereto e expressão arrogante, o que é conotado pelo nariz empertigado e o olhar altivo, de quem enxerga o outro num plano inferior. Essa imagem corresponde à visão das esquerdas sobre a Constituição, vista como uma carta ultrapassada e conservadora. Goulart aponta ao cirurgião o modelo a ser alcançado na reforma da velha mulher, que gostaria de ver transformada numa garota bonita e jovem, com aparência mais adequada a seu desejo. O cirurgião, na verdade o Congresso (ver a tabuleta sobre a mesa), apresenta uma expressão algo cética; parece não acreditar na viabilidade do desejo do cliente, como se a reforma pretendida estivesse fora do alcance de seu bisturi. O sentido político implícito

FIG.81 Lan.
Jornal do Brasil,
22.05.63, p.4.
Fonte: HPMG

é o seguinte: Jango almeja uma reforma muito ambiciosa na Constituição, e o Congresso Nacional não estaria disposto a atender a seus desejos, considerados excessivos e irrealizáveis.

Na imagem seguinte (figura 82), outra metáfora feminina é mobilizada para abordar o tema das reformas. Dessa vez, porém, trata-se de uma mulher bonita e jovem, a quem Goulart tenta ajudar na escalada de um alto obstáculo. A garota representa as reformas de base, e a composição sugere uma escapada (principalmente devido à presença da mala), como se ela estivesse fugindo com o namorado. O seu amado tenta ajudá-la a saltar o muro com uma corda improvisada, feita com retalhos de tecido. O pano, todo emendado, é a Constituição, que Jango rasgou para confeccionar a corda. Há duas transgressões representadas na caricatura: uma amorosa e outra política. O discurso aparente é o da escapada amorosa, os enamorados rompendo as convenções sociais para viver sua paixão. Porém, o que importa é a transgressão política sugerida metaforicamente: segundo a imagem, para alcançar as desejadas reformas, Goulart é capaz de fazer em pedaços a Carta Magna do país.

O argumento de que Jango estaria disposto a entrar em choque com as instituições para fazer as reformas apareceu de maneira recorrente nas caricaturas. Na verdade, esse tema tem relação com as acusações de que Goulart seria um líder autoritário em potencial, um ditador pronto a mostrar suas garras (assunto a ser analisado em um dos próximos capítulos). Vamos nos restringir a abordar, nesta seção, as representações que fazem menção direta às reformas, partindo da

FIG.82 Augusto Bandeira. *Correio da Manhã*, 07.02.64, p.6. Fonte: BPUC/MG

análise de duas imagens. Aparentemente, elas apresentam sentido semelhante, pois, em ambas, o presidente aparece a bordo de trator utilizado para romper barreiras contrárias à realização das reformas. Existe em comum a pressuposição de que Goulart poderia usar estratégias agressivas para viabilizar o projeto reformista. Entretanto, as duas caricaturas trazem interpretações políticas diametralmente opostas, já que uma critica o presidente e a outra o apóia.

A primeira caricatura (figura 83) foi publicada em jornal da grande imprensa, e sua mensagem implica a denúncia dos supostos pendores autoritários de Goulart. Ele é caracterizado como um camponês pobre (note-se o chapéu esfarrapado) que joga seu trator contra um monte de pedras, os obstáculos em seu caminho. As pedras que a máquina tenta remover são os dois partidos políticos mais importantes do campo conservador e liberal, PSD e UDN. As duas agremiações opunham-se aos projetos de reforma agrária das esquerdas, bloqueando a aprovação no Congresso. A expressão facial de Jango, juntamente com a presença do trator na cena, conotam a alegada vocação autoritária do presidente. No entanto, o trator encontra-se parcialmente atolado na terra, o que sugere as dificuldades encontradas por Jango em seu propósito. Outra leitura possível da imagem, e mais especulativa, é que a reforma agrária/trator seria apenas um instrumento nas mãos de Goulart, para permitir a remoção dos partidos que poderiam bloquear seu projeto político.

A segunda charge (figura 84) saiu no jornal *Novos Rumos*, semanário do Partido Comunista Brasileiro. Nesse caso, mobiliza-se a mesma metáfora, o trator – mais precisamente, um rolo compressor –, para representar um projeto político poderoso e uma vontade férrea de remover os obstáculos. A imagem foi publicada no final de março de 1964, quando a esquerda (e também a direita) começou a acreditar na seriedade do compromisso reformista de Jango. O desenho revela o entusiasmo do autor, que parece convencido da força inelutável do "carro" das reformas. Para isso, é importante a referência à ausência de freios, uma sugestão de que o impulso reformista não seria bloqueado nem retardado. A figura em vias de ser atropelada é uma representação da burguesia, ou do capitalismo, e com isso se revelam os anseios socialistas dos segmentos da esquerda que davam apoio ao governo. Vale notar, também, que, ao contrário da figura anterior, nessa imagem Goulart é representado de forma positiva, com um rosto que não conota agressividade, e sim simpatia. É um personagem positivo que comanda reformas no interesse do povo, defrontando-se contra os capitalistas e os ricos.

FIG.83 Augusto Bandeira. *Correio da Manhã*, 17.05.63, p.12. Fonte: BPUC/MG

Embora no traço do caricaturista ligado ao "Partidão" Jango seja representado como figura simpática, é significativo que a mesma metáfora tenha sido usada para fazer referência às reformas. O trator representa a força bruta, sugerindo a capacidade de esmagar os adversários e qualquer tipo de obstáculo. A construção metafórica implica uma linguagem indireta, o que significa dizer que sua mensagem nunca deve ser entendida em sentido literal. Não obstante, ao lançar mão da imagem do trator, o desenhista de *Novos Rumos* escolheu uma metáfora forte, mostrando com isso partilhar da crença de que as reformas gerariam algum tipo de confronto, e que Goulart poderia remover os obstáculos usando métodos agressivos.

FIG.84 Roma. *Novos Rumos*, 20.03.64, p.7. Fonte: BN

O debate em torno das reformas era mais complexo do que fazem supor essas abordagens caricaturais dedicadas ao tema, muitas vezes eivadas de maniqueísmo. Teremos ocasião de retornar ao tema antes do final do livro, enfocando com mais cuidado e vagar a crucial questão dos programas reformistas.

Política externa independente 9

Para compreender adequadamente o cenário político em que atuaram os líderes, grupos e partidos no contexto dos anos 1960, é indispensável considerar o quadro internacional. O mundo vivia, então, à sombra da Guerra Fria, conflito que estabeleceu os parâmetros básicos das relações entre os países naqueles anos. Desde 1946 os governos brasileiros tendiam a aceitar a hegemonia norte-americana nos assuntos internacionais, inclusive porque as classes dominantes do país partilhavam a mesma disposição anticomunista dos EUA. Na verdade, a Guerra Fria por aqui começou antes, pois o presidente Dutra começou a perseguir os comunistas locais já em 1946, quando teve início o processo de cassação do registro legal do PCB. Nos EUA, o rompimento com os soviéticos e o início efetivo da Guerra Fria ocorreu em 1947, quando o presidente Truman enunciou a doutrina que levaria seu nome. Num certo sentido, o governo Dutra foi mais longe que os norte-americanos em seu zelo anticomunista, pois adotou medidas não implantadas nos EUA. Além de proibir o funcionamento das organizações comunistas, ele rompeu relações diplomáticas com a URSS.

Em linhas gerais, os governos brasileiros seguiram a liderança norte-americana desde então, embora nas gestões de Getúlio Vargas (segundo governo) e Juscelino Kubitschek o alinhamento diplomático com a grande potência fosse menos automático do que havia sido sob Dutra. Nesse sentido, a ascensão de Jânio Quadros significou uma mudança de rumo importante, pois ele orientou o Itamaraty na direção de uma diplomacia independente, menos presa aos interesses dos Estados Unidos e mais aberta a contatos com países não-alinhados, inclusive do bloco socialista. O evento mais marcante e ousado nesse campo foi a decisão de Quadros de condecorar *Che* Guevara com a Ordem do Cruzeiro do Sul, uma das mais importantes comendas concedidas pelo governo brasileiro. Jânio recebeu críticas duras devido à sua política externa, quanto mais por ter sido eleito com entusiástico apoio de conservadores e liberais, que ficaram perplexos e se sentiram traídos.

A questão cubana era particularmente sensível aos Estados Unidos, que viam naquele país um posto avançado da influência comunista na América Latina. O impacto da Revolução Cubana sobre os EUA foi forte a ponto de provocar mudanças na relação deste país com o resto do continente. Temendo o aumento da influência soviética, o governo norte-americano intensificou suas ações na América Latina, seja estreitando os laços com os aparatos repressivos dos diversos Estados, seja expandindo os programas de ajuda econômica. Nesse campo, a principal iniciativa foi o lançamento do programa Aliança para o Progresso, em agosto de 1961, uma iniciativa do governo dos EUA que contou com apoio da Organização dos Estados Americanos (OEA).

Vale mencionar que Juscelino Kubitschek havia proposto algo semelhante alguns anos antes, um projeto que ele batizou de Operação Pan-Americana (OPA). Kubitschek tentou convencer o governo norte-americano a lançar um plano de ajuda para a América Latina, mas sua pregação não comoveu os ricos interlocutores do norte. Depois da Revolução Cubana, no entanto, a política externa dos EUA passou por uma reviravolta, e a idéia inicial de JK foi recuperada e adaptada. A caricatura da figura 85 menciona esse fato e, de certo modo,

FIG.85 Augusto Bandeira. *Correio da Manhã*, 18.12.62, p.1. Fonte: BPUC/MG

homenageia Kubitschek, ao colocá-lo recebendo de Kennedy o bebê Aliança para o Progresso, como se fosse um ato de reconhecimento de paternidade. E, numa referência irônica à sua pretendida Operação Pan-Americana, JK exclama: "OPA".

O objetivo da Aliança para o Progresso era fomentar o desenvolvimento econômico e social da América Latina, com auxílio de financiamentos provenientes do governo norte-americano e do Banco Interamericano de Desenvolvimento (BID). A filosofia a sustentar a Aliança era a de que a melhor maneira de combater o risco comunista no continente seria reduzir a pobreza e estimular o desenvolvimento, o que implicava, por exemplo, apoio à realização de projetos de reforma agrária. Naturalmente, a implantação do programa teria como conseqüência o aprofundamento dos laços – inclusive políticos – entre a América Latina e os EUA, e por essa razão a Aliança foi combatida pela esquerda, que denunciou intenções imperialistas por trás do auxílio econômico.

A caricatura reproduzida na figura 86 faz uma representação cômica da política norte-americana para o Brasil. Nas avaliações das agências do governo dos EUA, enfatizava-se o risco de uma revolução social comandada pelos comunistas no Nordeste, dada a pobreza e a presença de fortes movimentos camponeses na região. Na imagem, Kennedy é o coubói/xerife norte-americano que, montado em seu cavalo e armado com pistolas, tenta matar os urubus que rondam o

FIG.86 Augusto Bandeira. *Correio da Manhã*, 15.04.62, p.1. Fonte: BPUC/MG

Nordeste, representado como um lavrador exaurido e sem forças, prestes a virar repasto das sinistras aves. Os urubus representam a ameaça revolucionária, uma menção indireta ao comunismo, visto como força política oportunista que ataca as sociedades fragilizadas por problemas sociais graves. Embora fazendo troça, a caricatura apresenta os pressupostos da diplomacia norte-americana, que procurou concentrar recursos no Nordeste para combater o risco revolucionário.

João Goulart levou adiante a política externa de Quadros, e aprofundou-a ainda mais ao procurar estreitar laços diplomáticos e econômicos com novos parceiros, alguns deles inimigos dos EUA. Sua estratégia diplomática tornou a política externa uma das áreas mais polêmicas do governo, combustível para a crise que afinal o derrubou do poder. Um marco importante dessa diplomacia foi o reatamento de relações diplomáticas com a União Soviética (em novembro de 1961), revertendo o rompimento decretado por Dutra em 1947. Esse ato exasperou a opinião conservadora, que viu no aumento dos contatos com os soviéticos um indício da esquerdização do governo Jango.

Uma caricatura publicada na *Tribuna da Imprensa* atacou o reatamento com a URSS, utilizando uma metáfora circense (figura 87). Goulart é retratado como domador de circo que entrega um assustado popular ao urso feroz. A fera, símbolo da antiga Rússia e também da URSS, mostra a expressão satisfeita de quem se prepara

FIG.87 Hilde.
Tribuna da Imprensa,
25.11.61, p.4. Fonte: BN

para devorar uma boa comida. O personagem a caminho da bocarra do urso foi retratado de modo a ser identificado como um tipo popular brasileiro, mas, a fim de evitar dúvidas, a autora escreveu Brasil em sua roupa, para ficar clara a acusação de que Goulart estaria entregando o país aos soviéticos.

Em meados de 1962, teve lugar outro evento que gerou polêmica e afrontou a sensibilidade dos conservadores. Com a chancela do governo, foi organizada uma exposição soviética no Rio de Janeiro, dedicada a mostrar as realizações tecnológicas da URSS e apresentar aos brasileiros alguns aspectos da cultura daquele país.* Tratava-se, é claro, de um episódio da guerra de propaganda travada entre soviéticos e norte-americanos, o que serviu de mote para uma engraçada charge de Augusto Bandeira (figura 88). O caricaturista do *Correio da Manhã* fez uma interpretação alegórica dos esforços das duas superpotências para conquistar a atenção e a admiração dos brasileiros. Uma cápsula espacial norte-americana aparece no local em que estava ocorrendo a exposição soviética, e procura atrair a atenção dos visitantes brasileiros (Tio Sam, com a

FIG.88 Augusto Bandeira. *Correio da Manhã*, 05.05.62, p.1. Fonte: BPUC/MG

* Um grupo de extrema direita colocou uma bomba-relógio no prédio em que se realizava o evento, mas ela foi descoberta antes de explodir.

cabeça fora da janela, assobia para os passantes). Um dos populares mostra-se em dúvida, sem saber para que lado deseja se dirigir; seus pés, braços e cabeça parecem querer se dividir entre as atrações oferecidas pelas superpotências.

Um ponto marcante da diplomacia do governo Goulart foi a resistência às pressões norte-americanas que visavam a obter apoio dos países latino-americanos para isolar e, eventualmente, intervir em Cuba. Entre 1961 e 1962, foram realizados encontros da OEA com o propósito de debater a situação. O governo norte-americano pressionava os países do continente a apoiar seu intento de sufocar a Revolução Cubana, e ganhava mais adesões à medida que os líderes latino-americanos percebiam que o regime de Fidel de fato pretendia disseminar a experiência revolucionária.

Fidel Castro foi um personagem muito freqüente na caricatura brasileira daqueles anos, como no exemplo da figura 89. Ele é retratado como o personagem bíblico Sansão, dono de força descomunal cuja fonte secreta eram os longos cabelos. A utilização de Sansão para representar Fidel deveu-se a dois fatores: primeiro, era uma referência – ambígua e irônica – à força e juventude de Castro, e sua disposição de partir para a luta revolucionária contra inimigos poderosos; segundo, uma menção galhofeira ao visual de Fidel e seus jovens seguidores, os barbudos e cabeludos que tomaram o poder em Cuba. Como na narrativa bíblica, o Sansão latino-americano também poderia ser enganado por Dalila – representada na caricatura pela OEA – que cortaria as madeixas do herói e acabaria com seu poder. Na verdade, a Dalila/OEA é retratada cortando as barbas de Fidel, e não exatamente os cabelos. O ato de cortar a barba daquele Sansão moderno significaria, em linguagem metafórica, a anulação de seu poder revolucionário.

FIG.89 Augusto Bandeira. *Correio da Manhã*, 20.12.62, p.1. Fonte: BPUC/MG

A diplomacia brasileira representou um obstáculo à política dos EUA em relação a Cuba. Entre os diversos governos latino-americanos, o brasileiro foi um dos que mais resistiram à ofensiva anticubana. E tal atitude incomodava bastante as forças de direita brasileiras, pois o modelo cubano empolgava multidões de jovens no país, que viam na ilha caribenha um exemplo a ser seguido. Essa é uma das razões por que a remoção de Goulart do poder foi interpretada pela direita como uma vitória dos países ocidentais e uma derrota do comunismo internacional. Significativamente, uma das primeiras medidas dos vitoriosos de 1964 foi romper relações diplomáticas com Cuba.

No entanto, embora orientasse a diplomacia brasileira numa direção independente, Goulart não desejava romper com os Estados Unidos, principalmente nos primeiros meses de sua gestão, quando se esforçava por mostrar-se moderado e aberto ao diálogo, interessado em demover a oposição ao retorno do presidencialismo. Além disso, dada a situação delicada da economia brasileira, o apoio do governo norte-americano poderia facilitar, entre outras coisas, a obtenção de crédito para financiar o déficit nas contas internacionais. Nesse ponto, como em outros, Goulart caminhava sobre uma linha tênue, pois tentava ganhar a simpatia dos EUA mas era pressionado pelos aliados à esquerda, que tinham postura agudamente antiamericana. Para negociar apoio internacional e tentar melhorar as relações com os Estados Unidos, Goulart viajou àquele país em abril de 1962.

Augusto Bandeira dedicou duas ótimas caricaturas a essa viagem. Na primeira (figura 90), ele lança mão de uma metáfora médica para fazer troça das negociações diplomáticas de Jango. O presidente brasileiro é mostrado como um paciente sendo examinado pelo risonho dr. John Kennedy. Para obter o almejado apoio dos EUA, o paciente teria que se mostrar apto, e a "saúde" sob exame era de natureza política. Kennedy quer averiguar o batimento cardíaco do brasileiro no que se refe-

FIG.90
Augusto Bandeira.
Correio da Manhã,
05.04.62, p.1.
Fonte: BPUC/MG

re a temas importantes para os interesses norte-americanos, como Cuba, Argentina e o problema das desapropriações. A posição de médico sugere uma relação de superioridade com o doente, a quem o doutor prescreve receita e remédios.

Na outra caricatura (figura 91), Goulart aparece em posição mais confortável, pelo menos aparentemente. Ele desfila em carro aberto pelas ruas de Nova York, recebendo o aplauso da multidão. A cena efetivamente aconteceu, e a expressão feliz de Jango denota sua satisfação pela acolhida triunfal. Entretanto, um detalhe no desenho perturba a aparente tranqüilidade da cena: a serpentina atirada a Goulart envolve todo o seu corpo, e ele fica literalmente enrolado. Seria uma referência sutil às dificuldades externas do governo brasileiro e à sua fragilidade frente aos interesses e pressões norte-americanos?

As ações diplomáticas do governo brasileiro permitiam que ele fosse interpretado como oscilante no campo da política externa: ora pendia na direção dos países socialistas, ora se aproximava dos EUA. Alguns caricaturistas percebiam – e apontavam – a presença de forças contraditórias no interior do governo brasileiro.

Na figura 92, temos, novamente, a presença de San Tiago Dantas, que havia sido um dos artífices da política externa de Goulart. Dantas era então ministro da Fazenda, e a imagem tem como pano de fundo sua viagem aos Estados Unidos, em março de 1963, na tentativa de negociar um empréstimo

FIG.91
Augusto Bandeira.
Correio da Manhã, 07.04.62, p.4.
Fonte: BPUC/MG

FIG.92 Lan. *Jornal do Brasil*, 20.03.63, p.3. Fonte: HPMG

para a combalida economia brasileira. Dantas trilhava o caminho para os EUA, como mostra a placa na estrada, que indicava também a direção da URSS, naturalmente no sentido oposto.

O ministro brasileiro viaja cavalgando um pesado elefante, que representa a inflação brasileira. O infeliz Dantas viaja na companhia incômoda do bicho, em busca de dólares que o ajudassem a livrar-se dele. Curiosamente, o caminho é bloqueado por buracos na pista, que estão sendo escavados por um personagem embuçado e misterioso. Seria a esquerda, interessada em sabotar a aproximação com o governo norte-americano? Seria o próprio presidente Goulart? Durante a visita de Dantas, ocorreu um episódio que causou constrangimento diplomático e atrapalhou um pouco o encaminhamento das negociações. Foi divulgado o teor de depoimento dado ao Senado dos EUA por Lincoln Gordon, embaixador daquele país no Brasil, que afirmou haver infiltração comunista no governo de João Goulart. O caso gerou celeuma e muitos protestos na esquerda brasileira, indignada com a interferência externa.

Se alguns setores da imprensa percebiam ambigüidade e oscilações na política externa de Jango, outros assumiam postura mais maniqueísta, enxergando apenas a aproximação com o bloco socialista. Segundo essa vertente, representada pelos caricaturistas da imprensa liberal e conservadora, Goulart havia encaminhado a diplomacia brasileira num rumo arriscado e inaceitável, posto que aproximava o Brasil, perigosamente, dos países comunistas. De acordo com essa ótica, o perigo residia não somente em incorrer no desagrado dos Estados Unidos e de outras potências ocidentais, mas, também, no aumento da influência das idéias comunistas no Brasil.

Desde o momento da crise da renúncia de Jânio, o argumento das ligações internacionais de Goulart foi usado para criticá-lo e tentar dificultar sua posse. A figura 93 reproduz uma caricatura publicada pouco após o início da gestão Goulart, quando ainda ecoavam os efeitos da crise de agosto de 1961, provocada pela renúncia de Quadros. Na imagem, Goulart aparece como político ardiloso, que tenta esconder os traços de sua ligação com o comunismo. Jango é mostrado "limpando" seu passaporte ao carimbar a sigla dos Estados Unidos sobre os registros de suas passagens pela Rússia e pela China. Naturalmente, trata-se de usar o tema das viagens para acusar o novo presidente de tentar enganar os brasileiros sobre suas preferências internacionais.

Na imagem seguinte (figura 94), outra alusão à suposta simpatia de Goulart pelo bloco comunista. Dessa vez, Jango é representado com o primeiro-ministro Tancredo Neves. Os dois rumam a caminho de Moscou, seguindo através da estepe árida e inóspita, uma sugestão de que a direção escolhida não poderia significar uma boa opção. Há uma referência ao fato de a política externa de Goulart representar a continuação da diplomacia de Jânio Quadros: os dois caminhantes seguem uma trilha aberta por outra pessoa, cujas pegadas procuram acompanhar. Um pequeno detalhe permite identificar o autor das pegadas que Goulart e Neves perseguem: a vassoura pregada ao poste, símbolo da campanha presidencial de Jânio Quadros. É como se o primeiro explorador daquelas paragens e caminhos exóticos tivesse deixado suas marcas, e os que pretendiam segui-lo estivessem usando-as como indicação de rota. Outro detalhe significativo é que a vassoura está quebrada e com as cerdas em frangalhos, o que pode ser lido como referência ao fracasso do próprio Quadros como líder, ou um vaticínio de que o caminho político escolhido estava destinado ao mesmo fim amargo.

A aproximação promovida por Goulart em relação ao "segundo mundo" implicou, além do reatamento diplomático com a URSS e o apoio discreto a Cuba nas contendas com os EUA, a intensificação de trocas culturais e comerciais com os países do Leste. Aliás, esse era um dos objetivos a impulsionar a política externa independente: o propósito de abrir novos mercados para a economia brasileira. Aproximar-se politicamente dos países socialistas e dos "não-alinhados" era uma maneira de encontrar novas oportunidades comerciais, ampliando o leque de parceiros econômicos. Os defensores da política externa independente argumentavam em seu favor que a nova diplomacia franquearia ao Brasil acesso a mercados promissores. Porém, o estreitamento de laços econômicos com o Leste era também

FIG.93 Hilde. *Tribuna da Imprensa* 07.10.61, p.4. Fonte: BN

FIG.94 Hilde. *Tribuna da Imprensa*, 04.10.61, p.4. Fonte: BN

FIG.95 Hilde. *O Estado de S. Paulo*, 18.07.63, p.4. Fonte: BN

uma forma de viabilizar a almejada autonomia no terreno diplomático, posto que deixaria a economia brasileira menos dependente dos parceiros ocidentais.

A caricatura reproduzida na figura 95 faz menção à intensificação do comércio com a URSS, mais especificamente aos acordos visando à exportação de café para aquele país, e aproveita para atacar um dos membros do governo mais próximo da esquerda, Darcy Ribeiro. O chefe da Casa Civil aparece caracterizado como garotinho, quase um moleque de recados, representação sarcástica criada pela desenhista Hilde Weber. Ribeiro serve um cafezinho ao líder soviético Nikita Kruschev, que afaga a cabeça do moleque em sinal de agradecimento. A pose paternal de Kruschev e a atitude servil de Darcy Ribeiro, que parece feliz por estar cumprindo a contento seu papel, são detalhes significativos para compreender a mensagem política escondida nas entrelinhas (ou "entretraços"). Hilde está acusando o governo brasileiro de subserviência, de estar se curvando aos ditames da orientação soviética, como se Kruschev fosse uma espécie de patrão. A caricatura traz, também, outra crítica, embora menos direta, ecoando argumento apresentado em discursos verbais. Aponta-se no aumento do comércio com os países socialistas um estratagema político perigoso, mais do que um ganho econômico. A aproximação econômica com os soviéticos teria como conseqüência o estreitamento de laços políticos e o aumento da presença comunista no Brasil.

FIG.96 Hilde. *Tribuna da Imprensa*, 27.11.61, p.4. Fonte: BN

Nikita Kruschev apareceu dezenas de vezes na produção caricatural da época, sempre com a função de representar a URSS e o comunismo internacional. Na reprodução seguinte, vêmo-lo novamente, num desenho (figura 96) que utiliza a imagem clássica do cavalo de Tróia como metáfora – aliás, muito freqüente nas caricaturas do período. A idéia subjacente é a da introdução do inimigo no interior de determinado território, por inadvertência de seus próprios habitantes, tal como Homero relata ter ocorrido na Guerra de Tróia. No presente caso, a cidade sitiada é o Brasil, e o inimigo que deseja infiltrar-se, por entre os muros da cidadela, é o comunismo, na pessoa de Kruschev. O responsável por fazer entrar o "cavalo" no país, puxando-o com expressão ingênua, não poderia ser outro: João Goulart. Jango é acusado de abrir as portas do Brasil ao comunismo, o que seria uma decorrência inexorável, segundo a caricatura, da decisão de reatar as relações diplomáticas com a URSS.

O estreitamento das relações comerciais e políticas com os países socialistas gerou, previsivelmente, aumento no número de lideranças políticas e de funcionários desses Estados enviados ao Brasil. Em sua maioria, essas pessoas não eram personagens de destaque, mas figuras secundárias nos respectivos governos.* As exceções foram Iuri Gagarin, o cosmonauta soviético famoso mundialmente por ter sido o primeiro homem a entrar em órbita, que esteve no Brasil em 1961; e o presidente da Iugoslávia, Josip Broz Tito, recebido por João Goulart em visita oficial no segundo semestre de 1963. No segundo caso houve bastante repercussão política, inclusive nas caricaturas.

Reproduzimos, na figura 97, uma das mais significativas caricaturas sobre a visita do marechal Tito. No desenho, o dirigente da Iugoslávia e João Goulart estão numa pescaria, e a composição sugere o brasileiro na condição de discípulo, de aprendiz. Tal idéia é sugerida pelo fato de Tito estar segurando a vara

FIG.97 **Biganti.** *O Estado de S. Paulo*, 21.09.63, p.4.
Fonte: BN

* Quando ocorreu o golpe de 1964, por exemplo, havia uma delegação da China comunista em visita ao país. Os chineses foram presos e interrogados – segundo algumas fontes, com uso de tortura – para que confessassem sua participação em supostos estratagemas revolucionários.

enquanto Jango toma conta do leme do barco, observando com atenção e admiração as ações do iugoslavo. O título da caricatura reforça essa interpretação, ao apontar a presença de um grande mestre na cena. Tito traz no balaio de pescador a comenda recebida do governo brasileiro, mas o detalhe mais significativo é o formato do anzol. O mestre comunista, com ar de quem sabe das coisas, ensina o aprendiz brasileiro a pegar peixes com um anzol em forma de foice. Trata-se de menção sutil à influência do comunismo sobre Goulart, porém é possível ver um pouco mais. O uso da pescaria e do anzol como metáforas pode ser uma sugestão, também, de que a relação de Jango com o comunismo era instrumental, ou seja, ele desejaria utilizar as técnicas revolucionárias para fins políticos próprios, sem compromisso real com o ideário comunista. Voltaremos a esse ponto adiante.

A questão mais explosiva da política externa brasileira naqueles anos, como se viu, residia na diplomacia independente e na aproximação com os Estados socialistas. O tema inspirou numerosa produção caricatural e propiciou muitos ataques e críticas contra o governo Goulart, a maioria mobilizando o arsenal anticomunista. Porém, houve um episódio diplomático curioso na gestão de Jango, sem ligação com o grande debate político e ideológico, mas que colocou o Brasil em rota de colisão com uma potência importante. O evento, embora tivesse potencial para gerar conseqüências sérias, tinha um viés cômico pronunciado, que os caricaturistas não demoraram a perceber e explorar. O interessante é que o caso originou uma situação excepcional, pois Goulart deixou de ser o alvo dos ataques e encarnou os interesses nacionais. O papel de bufão no episódio foi ocupado por Charles de Gaulle, governante da França, cujo tipo físico, aliás, era um prato cheio para a interpretação caricatural. Para o presidente brasileiro, o caso foi até positivo, pois propiciou um momento de trégua, ainda que fugaz, nas grandes polêmicas internas e externas em que estava envolvido.

Estamos nos referindo à contenda que opôs os governos brasileiro e francês por causa da pesca da lagosta, episódio conhecido como "guerra da lagosta". Essa denominação revela toda a comicidade implicada no evento, o ridículo de conceber uma guerra motivada pelo crustáceo. Em que pese a dimensão derrisória do caso, estavam em jogo interesses importantes, a ponto de ter havido mobilização militar dos dois lados. O problema foi motivado pela presença de navios pesqueiros franceses em águas brasileiras, ricas nas caras e deliciosas lagostas. O governo brasileiro impôs obstáculos às atividades dos barcos franceses, e o governo daquele país saiu em defesa de seus pescadores, alegando que atuavam em águas internacionais. O aumento nas tensões levou o governo da França a deslocar uma frota para proteger os pesqueiros, o que gerou a mobilização das Forças Armadas brasileiras.

Vamos reproduzir apenas duas caricaturas relativas ao episódio, embora haja outras também muito engraçadas. Na figura 98 aparece, além do governante francês, cuja estatura e nariz foram deformados para parecerem ainda maiores, outra personalidade francesa muito conhecida dos brasileiros, e bem mais atraente que o general De Gaulle. É Brigitte Bardot, atriz de cinema famosa por sua beleza e sensualidade, e que freqüentava muito o Brasil naquela época. Na caricatura há um tipo popular brasileiro, retratado como um pescador em posse das famosas lagostas, que propõe a De Gaulle um negócio. Só poderia ser uma troca, as lagostas por Brigitte Bardot, e com isso o pescador representava o desejo profundo de milhões de homens brasileiros que, sem pestanejar, trocariam a posse do precioso crustáceo pela beldade francesa.

Na figura 99, De Gaulle é retratado como um mosqueteiro francês, emplumado e garboso, pronto para a guerra e... ridículo. Ele desafia para o combate um pescador brasileiro carregado de lagostas – o próprio João Goulart –, que, trajado como homem do povo, representa toda a nação. O Goulart dessa cena, algo raro na produção caricatural da grande imprensa, aparece como figura positiva e digna de apreço, pela atitude madura (e maliciosa) com que repele as investidas do "D'Artagnan" caricato. Ele afasta a espada de Charles de Gaulle e o repre-

FIG.98 Augusto Bandeira. *Correio da Manhã*, 05.03.63, p.16. Fonte: BPUC/MG

FIG.99 Augusto Bandeira. *Correio da Manhã*, 02.03.63, p.10. Fonte: BPUC/MG

ende de modo irônico, fazendo alusão ao fim do carnaval; em outras palavras, associa a agressividade francesa ao comportamento momesco. É um homem simples, mas altivo, que contrasta com a figura bufa e cômica do líder francês, cujas intenções belicosas parecem deslocadas e absurdas.

O conflito, naturalmente, não aconteceu – felizmente para os militares envolvidos, pois seria difícil levar a sério uma guerra das lagostas. Aliás, segundo consta, teria sido em função desse caso que Charles de Gaulle pronunciou a célebre frase sobre a falta de seriedade dos brasileiros. Pelo menos quanto aos caricaturistas, o general tem razão: eles levaram o episódio na pilhéria, e ridicularizaram bastante o vetusto herói da França.

Encerro o capítulo com uma caricatura que, embora referida ao contexto das relações internacionais, nos remete novamente às disputas internas da política brasileira. Além disso, ela é interessante por citar, simultaneamente, três das figuras políticas mais presentes neste capítulo: Goulart, Kennedy e De Gaulle. Nessa caricatura (figura 100), Claudius faz uma interpretação galhofeira da cerimônia de investidura do papa (Paulo VI), evento que tradicionalmente atrai líderes políticos do mundo todo para homenagear e beijar a mão do novo chefe do Vaticano. Na cena, aparecem os três líderes citados, em fila, olhando enquanto o papa Paulo VI se afasta, como se tivessem acabado de cumprimentá-lo e receber sua bênção. Eles miram o sumo pontífice como se almejassem alcançar alguma graça ou favor divino que atendesse a seus desejos profundos. Kennedy sonha com dinheiro (os cifrões) e poder (a mitra papal), enquanto De Gaulle deseja apenas o poder, imaginando-se no lugar do papa.

FIG.100
Claudius.
Jornal do Brasil, 27.06.63, p.2.
Fonte: HPMG

Goulart, mais humilde – uma modéstia refletida até em sua pequena estatura –, almeja coisa mais simples e prosaica: desejaria receber a cabeça de seu inimigo maior, Carlos Lacerda. É possível interpretar esse desenho de outra maneira, resultando numa leitura menos agressiva e cruenta. Talvez a intenção fosse apenas mostrar que, enquanto seus vizinhos, à vista do papa, pensavam apenas em poder e dinheiro, Goulart não tirava da cabeça a preocupação com o arquirival, cuja atuação lhe trazia tantos problemas no Brasil. A viagem a Roma foi uma breve trégua para Jango, pois logo ele estaria de volta ao país, para retomar seu lugar numa luta política que estava em vias de se agravar ainda mais.

10 Candidato a ditador

Este capítulo e o próximo, que encerram o livro, são os mais importantes para compreender a crise da primeira metade dos anos 1960 e, principalmente, os eventos relacionados ao golpe militar de 1964. O contexto foi complexo e multifacetado e, como visto, o governo Goulart foi atacado a partir de diversos ângulos e criticado devido a diferentes razões, sofrendo pressões internas e externas. Além disso, a crise não tinha relação apenas com a política, mas também raízes econômicas e sociais, que possuíam dinâmica própria. A combinação de todos esses elementos contribuiu para minar as bases de sustentação de Goulart, tornando o golpe de Estado uma opção plausível para os adversários do governo. Entretanto, falta abordar os dois temas mais candentes da agenda anti-Goulart, as questões mais polêmicas e que forneceram o combustível mais explosivo da crise. Refiro-me às acusações de que Goulart teria tendência golpista e autoritária, e ao argumento de que estaria envolvido em uma conspiração comunista. Divulgadas por seus inimigos, essas duas imagens – ditador em potencial e aliado do comunismo – constituíram-se nos argumentos mais fortes contra o governo e foram responsáveis, em última instância, por gerar a poderosa mobilização contra Goulart.

O argumento de que o presidente gaúcho teria pendores autoritários decorria, parcialmente, de seu vínculo político e ideológico com o getulismo. O fato de ser discípulo e herdeiro de Getúlio Vargas levava os inimigos a verem em Jango um líder com vocação ditatorial, um político capaz de se apoiar nas massas populares para viabilizar um regime autoritário. Temia-se que Goulart acabasse trilhando os mesmos caminhos seguidos por seu patrono nos anos 1930 e jogasse o país numa ditadura para resolver os impasses políticos e econômicos, que não eram poucos nos anos 1960. Segundo essa linha de análise,

Jango parecia-se muito com Vargas, com a diferença de possuir inclinação maior para ligar-se às esquerdas – principalmente aos comunistas e aos líderes sindicais, grupos cuja confiança e admiração ele vinha conquistando desde sua passagem pelo Ministério do Trabalho, quando se empenhara em conseguir aumentos salariais para os trabalhadores. A suposição dos críticos liberais e conservadores, portanto, era de que Jango buscava fortalecer sua liderança entre as massas populares visando à criação de bases de apoio para eventual regime político autoritário.

Várias caricaturas abordaram a questão dos laços existentes entre Goulart e Vargas, com a sugestão de que haveria uma herança ditatorial a ser recolhida pelo discípulo. Um exemplar interessante é reproduzido na figura 101, em que Jango aparece remexendo um velho baú, cheio de pó e teias de aranha, detalhes cuja função é conotar a sensação de se tratar de material antigo e ultrapassado. As referências que ele encontra ao revirar o baú de antigüidades remetem a Vargas, inclusive uma fotografia em que o antigo ditador aparece com seu indefectível charuto.

Entretanto, o caricaturista selecionou as referências ao getulismo, usando apenas as que lembrassem a faceta ditatorial do líder gaúcho. Ele não mencionou a criação da Companhia Siderúrgica Nacional, ou a Consolidação das Leis Tra-

FIG.101 Augusto Bandeira.
Correio da Manhã, 11.05.62, p.1.
Fonte: BPUC/MG

balhistas, por exemplo, que conduziriam o leitor a outras idéias e imagens. Na caricatura, enfatizam-se temas ligados à ditadura, como o Estado Novo, a Polaca* e o movimento queremista;** há ainda um livro de "manobras" no chão, mais uma referência a possíveis golpes ou ações políticas condenáveis. Em suma, João Goulart é representado como político dono de pesada herança ditatorial, legado que poderia vir a utilizar em sua gestão. É o que está sugerido na imagem, pois Jango procura no velho baú referências a que poderia recorrer para enfrentar as dificuldades e desafios encontrados à frente do governo.

A suposição de que Goulart acalentava projetos ditatoriais ganhou mais verossimilhança à medida que a crise política tornava-se aguda e que o próprio presidente adotava medidas apontando nessa direção. O episódio do estado de sítio foi uma situação desse tipo, convencendo muitas pessoas de que Jango desejava a ditadura. Curiosamente, o evento deixou preocupados grupos de todos os quadrantes, da esquerda à direita. A 4 de outubro de 1963, o presidente enviou ao Congresso pedido de autorização para decretar o estado de sítio, sob o argumento de que o Executivo necessitava de poderes extraordinários para manter a ordem pública. A comoção foi grande e a oposição à medida reuniu quase a unanimidade das forças políticas, pois a esquerda e a direita acharam que o estado de exceção representaria um golpe perpetrado pelo grupo oposto. O episódio, aliás, é revelador das dificuldades encontradas por Goulart para manter sua política "equilibrista". Vendo-se isolado, o governo não teve alternativa senão recuar e retirar o pedido, aumentando a sensação de crise, confusão e ambigüidade política.

A malograda tentativa de implantar o estado de sítio inspirou uma caricatura zombeteira e irônica publicada no *Estado de S. Paulo*, em que Goulart é associado, sutilmente, ao ditador Vargas (figura 102). Na imagem, ele aparece comendo um fruto bichado, podre, de onde sai um verme assustado, que confere comicidade à cena ao provocar uma troca de olhares com Jango, num estranhamento mútuo. A metáfora rural serve ao propósito de fazer uma ligação entre o

* Polaca era um apelido para a Constituição de 1937, que em seus traços mais autoritários tinha semelhanças com a carta constitucional polonesa.

** No chão há um rolo de papéis em que se lê "constituinte com", uma referência à campanha queremista de 1945, quando lideranças ligadas ao getulismo criaram um movimento popular que reclamava a manutenção de Getúlio na presidência enquanto a nova Constituição fosse elaborada. A oposição liberal preferia que o processo constituinte ocorresse com Vargas fora do cenário político, e interpretou o queremismo como manobra visando a prolongar a ditadura. Como resultado, Vargas foi destituído do poder em outubro de 1945.

FIG.102 Hilde.
O Estado de S. Paulo,
09.10.63, p.4. Fonte: BN

"sítio" de Goulart e a ditadura getulista implantada em 1937. Daí a importância do texto colocado no cesto de frutas, que conduz nosso pensamento a um outro "sítio", o da ditadura do Estado Novo. A idéia subjacente é que João Goulart tentara seguir o roteiro de seu mestre, que, antes de implantar a ditadura, conseguira autorização do Congresso para suspender as garantias constitucionais. Na verdade, o instrumento legal mobilizado por Vargas em 1937 foi o estado de guerra, e não o de sítio. A caricaturista cometeu essa pequena infidelidade ao detalhe histórico, certamente para que seu argumento crítico funcionasse melhor, e também para viabilizar a metáfora agrícola, ao misturar o sítio político com o sítio no sentido de pequena propriedade rural. A fruta bichada mordida por Jango significa que a estratégia golpista estava velha demais: funcionara nos idos de 1937, mas – e essa era a mensagem e o desejo da caricaturista – perdera o sabor e a eficácia com o passar do tempo.

Simultaneamente ao caso do estado de sítio, outro episódio obscuro teve lugar, e os dois estavam estreitamente relacionados. Teria havido um plano para seqüestrar o governador Carlos Lacerda, por ordem do governo federal. Segundo algumas fontes militares, uma unidade de pára-quedistas recebeu a incumbência de deter Lacerda, mas o plano não foi adiante porque o oficial designado exigira ordens escritas. A demora na ação deu a Lacerda a oportunidade de se esconder, e quando um comando pára-quedista finalmente saiu às ruas em seu encalço, ele não foi encontrado. O caso foi denunciado como mais uma evidência de que o pedido de estado de sítio fazia parte de um plano para suspender as prerrogativas liberais e calar a oposição à força. Vale mencionar que esse pedido ocorreu após uma entrevista de Lacerda a um jornal estrangeiro (*Los Angeles Times*), em que fez ataques muito duros ao governo e afirmou que os militares se preparavam para derrubar o presidente. Segundo fontes ligadas a Goulart, a idéia de decretar o estado de sítio partiu dos ministros militares, que consideraram a entrevista ofensiva às Forças Armadas.

Em outro de seus ataques a Goulart, Hilde Weber publicou uma interpretação caricatural do episódio (figura 103). No desenho, um João Goulart mal-encarado aparece chutando uma enorme pedra atravessada em seu caminho. Segundo a imagem, Jango estaria tentando impedir as investigações sobre o atentado a Carlos Lacerda (C.L.), que poderiam comprovar seu envolvimento em planos e articulações sinistras. É significativo o detalhe de que o chutão de Goulart não faz a pedra se mover, apenas provoca dor em seu pé, como mostram as estrelinhas. A intenção de Hilde é apresentar Lacerda como uma liderança mais sólida que Goulart, e com isso sugerir que o presidente não conseguiria destruir o governador da Guanabara.

Os inimigos de Jango denunciavam, com insistência, a influência de outro ditador sobre o presidente brasileiro, o líder argentino Juan Perón. Tratava-se de um general com trajetória política sinuosa, que liderou um golpe em 1943 e ajudou a implantar um regime autoritário simpático ao nazismo. Com o passar do tempo, Perón desvencilhou-se da incômoda imagem de pró-nazista e construiu liderança sólida sobre os trabalhadores argentinos, o que permitiu seu retorno ao poder através de eleições (em 1946 e 1973). O peronismo tornou-se um movimento de massas e seu chefe um dos líderes mais carismáticos da América Latina. Antes de Goulart, Perón já havia sido comparado, em tom de acusação, a Getúlio Vargas. Em abril de 1954, surgiu uma denúncia sobre suposta aliança entre

FIG.103 Hilde.
O Estado de S. Paulo, 19.10.63, p.4. Fonte: BN

Vargas e Perón, no que foi chamado de pacto ABC (Argentina, Brasil e Chile). De acordo com tal versão, os líderes dos três países, mas principalmente Vargas e Perón, planejavam uma ação diplomática comum para fazer frente às pressões dos Estados Unidos sobre a América Latina.

No contexto atual, uma denúncia desse teor não soaria tão grave, mas, na época, alcançou ressonância entre os setores liberais e conservadores, que viam nos EUA um aliado na luta contra o comunismo. Propostas de ação diplomática que pudessem entrar em choque com a orientação norte-americana soavam perigosamente esquerdistas. Por outro lado, e numa vertente mais explosiva, o tema do peronismo implicava também a questão do movimento sindical. O temor dos adversários de Vargas e Goulart era de que a influência argentina viesse a fortalecer a disposição dos líderes brasileiros de mobilizar os trabalhadores e a massa popular. Vislumbravam a possibilidade de que o apelo à mobilização popular redundasse em um autoritarismo apoiado sobre os sindicatos e outras organizações sociais, um modelo parecido com o fenômeno peronista. Esse era o sentido aproximado da expressão "república sindicalista", que parte da oposição liberal denunciava como o projeto secretamente acalentado por líderes como Vargas e Goulart.

Houve vários episódios de denúncia sobre supostas relações entre Goulart e Perón. Em setembro de 1955, por exemplo, em plena campanha eleitoral (Jango era candidato a vice-presidente), Lacerda anunciou a descoberta de um documento que provaria a existência de aliança clandestina entre Goulart e o líder argentino. O documento, conhecido como Carta Brandi, relatava acordo entre Jango e Perón para contrabandear armas e implantar uma república sindicalista no Brasil. O documento era falso, como se comprovou posteriormente, mas ajudou a provocar celeuma e associar a imagem de Goulart ao caudilhismo.

Na figura 104 temos um exemplo de como o tema da associação entre Jango e Perón foi abordado na produção caricatural. Goulart, de quem vemos apenas parte do rosto – para criar certo suspense e o devido efeito de contraste com o personagem da fotografia –, aparece sentado na cadeira presidencial. Ele encara fixamente o retrato de Juan Perón, que ostenta um sorriso exagerado, tipicamente caricatural.

A presença da imagem do argentino na mesa de trabalho do presidente brasileiro sugere uma relação de familiaridade entre os dois, de afinidade, pois as pessoas se cercam de retratos das figuras estimadas. A caricatura mostra um Goulart fã de Perón, como um aprendiz olhando para o mestre, ou alguém mirando um espelho e enxergando a imagem do que gostaria de ser.

Na imagem seguinte (figura 105) vê-se outra referência à Argentina e a possíveis ligações entre a dinâmica política dos dois países. Entretanto, neste caso, o

FIG.104 Biganti. *O Estado de S. Paulo*, 11.08.63, p.4. Fonte: BN

FIG.105 Augusto Bandeira. *Correio da Manhã*, 07.12.62, p.12. Fonte: BPUC/MG

presidente argentino citado é Arturo Frondizi, e está em jogo não somente uma comparação entre dois líderes, mas uma previsão agourenta para Goulart. Apesar de ter aberto o país aos investimentos estrangeiros, Frondizi era sensível a discursos desenvolvimentistas e nacionalistas. Ele foi vítima de um golpe militar em março de 1962, perpetrado por oficiais direitistas (os "gorilas") que desconfiavam de sua política pendular, oscilante entre compor com os peronistas ou reprimi-los. Essa atuação governamental aparentemente ambígua, simpática ao capital externo mas sensível aos discursos esquerdistas, tornou Frondizi suspeito aos olhos da extrema direita militar e abriu caminho ao golpe.

A caricatura sugere que o mesmo destino poderia estar aguardando João Goulart, ou seja, ser derrubado e encarcerado pelos militares. No desenho aparecem dois dos auxiliares mais próximos do presidente, San Tiago Dantas e Hermes Lima. O primeiro havia sido o arquiteto da política externa de Goulart, que levara o governo a aproximar-se dos países socialistas e a resistir às pressões dos EUA; o segundo, em dezembro de 1962, no que foi o último gabinete parlamentarista, acumulava as funções de primeiro-ministro e de ministro das Relações Exteriores. Os dois olham para a notícia da prisão de Arturo Frondizi e imaginam, com ar de consternação, o mesmo ocorrendo a Goulart, preso em Fernando de Noronha. O desenho é interessante por mostrar que conjecturas sobre um possível golpe militar contra Goulart circularam alguns anos antes de 1964, e faziam parte do rol de cenários políticos ao alcance da previsão dos observadores mais argutos. A "previsão" contida na caricatura errou apenas quanto ao destino de Jango. Ele não foi para a prisão, e sim para o exílio.*

A seguir foi reproduzida outra charge (figura 106) cujo mote é o surto golpista no Brasil e na América Latina, com a peculiaridade de que, neste caso, a força promotora dos golpes é nomeada: Ibad (Instituto Brasileiro de Ação Democrática). A entidade foi criada em 1959, tornando-se conhecida do público graças à edição da revista *Ação Democrática*, periódico luxuoso que era distribuído gratuitamente e dedicava-se, principalmente, ao proselitismo anticomunista.

A atuação do Ibad despertou suspeita devido à sua evidente riqueza, pois, além de manter a custosa revista, envolvera-se no financiamento de numerosos candidatos às eleições de 1962. Os indícios da existência de financiadores estrangeiros ocultos por trás do instituto levaram à criação de uma CPI no Congresso, que acabou não chegando a qualquer resultado, em parte pela obstrução movi-

FIG.106
Augusto Bandeira.
Correio da Manhã, 20.07.63, p.14. Fonte: BPUC/MG

* Há um pequeno erro na caricatura, pois Frondizi foi preso na ilha argentina Martín García, e não em Martim Vaz, pertencente ao Brasil. Outras figuras da esquerda passaram por Fernando de Noronha depois do golpe, como o governador pernambucano Miguel Arraes.

da por parlamentares conservadores. Mas a entidade foi fechada mesmo assim, através de decreto do presidente Goulart.

A charge é uma evidência de que a imagem do Ibad como instituição suspeita tornara-se de domínio público, o que facilitou, sem dúvida, a decisão do governo de proibir suas atividades. No desenho, vemos um indivíduo atrás de um balcão de negócios, com jeito de aventureiro e negociante de coisas ilícitas. Esse "escritório", segundo está anunciado, vende mandatos, compra democracias e fornece golpes militares, apregoando experiência e tradição nesse tipo de negócio e apresentando uma lista de vários países latino-americanos vitimados nos anos anteriores. A charge retrata o Ibad como organização internacional atuando no Brasil, uma referência implícita a supostas ligações com o governo dos Estados Unidos (partindo dessa chave de leitura, o homem no balcão do Ibad poderia ser um agente da CIA).

Essa charge, assim como a caricatura anterior (figura 105), é interessante por revelar que a imprensa estava atenta também para o risco de golpes provenientes da direita. O governo Goulart e as esquerdas não eram os únicos atores políticos acusados de tramarem contra as instituições liberal-democráticas. Entretanto, isso não altera o fato de que, nas caricaturas e no discurso da grande imprensa, eles foram alvos da maioria dos ataques, enquanto as conspirações direitistas foram raramente mencionadas nesses veículos.

Havia um tema muito sensível nas relações entre a imprensa e o governo Goulart, que gerou atritos e críticas acirradas ao presidente da República. Refiro-me à censura e ao cerceamento da liberdade de imprensa, práticas atribuídas ao governo de Jango. As alegações eram parcialmente verdadeiras, mas as acusações e o medo da censura foram maiores do que os atos efetivamente praticados. Um veículo em que o governo realmente tentou abafar a voz da oposição foi a televisão. Ainda incipiente no período, ela era mais suscetível ao controle do Estado, em contraste com a imprensa escrita, meio no qual existiam jornais tradicionais nas mãos de grupos poderosos. O Ministério da Justiça tinha como prerrogativa monitorar as telecomunicações e, através do órgão responsável (Comissão Técnica de Rádio e depois Departamento Nacional de Telecomunicações), o governo possuía instrumentos para tirar do ar transmissões televisivas e radiofônicas, bem como suspender a concessão dos canais. Nessa área, mais uma vez, as maiores dores de cabeça do governo respondiam pelo nome de Carlos Lacerda. O governador da Guanabara, jornalista experiente e tribuno talentoso, dominava amplamente o discurso televisivo e incomodava bastante toda vez que aparecia na telinha. Exatamente por isso houve vários episódios de censura governamental em decorrência das performances televisivas de Lacerda, como em janeiro de 1964, quando a TV Tupi ficou fora do ar durante 24 horas como punição por ter transmitido um pronunciamento de Lacerda contra o governo.*

A caricatura reproduzida a seguir (figura 107) critica, de modo irônico, a ofensiva censória do governo Goulart. Jango é representado como um sujeito cujo aparelho de televisão apresenta defeito e precisa de um técnico para consertá-lo. O seu problema é que a TV está com a transmissão "ruim", pois mostra uma imagem desagradável a seus olhos: Carlos Lacerda. O especialista chamado para o conserto é o ministro da Justiça Abelardo Jurema, trajado como técnico de televisão, com a indefectível maleta de ferramentas. O sentido da mensagem caricatural parece claro: para acabar com o "problema" na televisão, o presidente chama o homem entendido no assunto e que dispõe do poder necessário para "intervir" no aparelho.

Situação semelhante acontece na caricatura da figura 108, em que o ministro da Justiça aparece na posição de censor das telecomunicações, impedindo a apresentação de um "cantor" na TV. O músico, na verdade, é o deputado João Calmon, um dos mais destacados parlamentares da oposição, em cujo violão está escrito "revelações". O garoto chorão do lado esquerdo é Leonel Brizola, que pede ao "tio" Jurema para tirar do ar seu desafeto.

FIG.107 Hilde. *O Estado de S. Paulo*, 11.07.63, p.4. Fonte: BN

* Ver o editorial do *Correio da Manhã* de 23.01.64, p.6. Vale mencionar, para não parecer que somente o governo federal arranhava a liberdade, que o governador Lacerda também censurou seus adversários. Durante sua gestão, a polícia política carioca apreendeu publicações de esquerda e chegou a fechar uma gráfica.

FIG.108 Hilde. *O Estado de S. Paulo*, 04.07.63, p.4. Fonte: BN

Os dois deputados federais, Brizola e Calmon, protagonizaram um dos duelos retóricos mais contundentes daqueles anos, cujo tema central foi a reforma agrária. Calmon tentou manchar a imagem de Brizola como político reformista, acusando-o de lucrar com o programa de reforma agrária implantado no Rio Grande do Sul durante seu governo. Além disso, chamava Brizola de "homem da mala", acusando-o de andar com uma maleta cheia de dinheiro para pagar inserções publicitárias nos meios de comunicação. É isso que está nas entrelinhas da caricatura, a idéia de que Brizola acionou o ministro da Justiça para impedir Calmon de apresentar na TV revelações comprometedoras.

Curiosamente, um dos episódios a provocar maior comoção na imprensa não foi uma ação censória efetiva do governo, mas um boato. Embora não tenha sido levado a efeito, a simples suspeita bastou para acirrar os ânimos dos grandes jornais, pois, nesse caso, eles seriam os atingidos, e não o então frágil empreendimento televisivo. Além disso, o tema era polêmico porque recordava ações semelhantes ocorridas durante o Estado Novo, quando a ditadura manietou a imprensa e sufocou a liberdade de informação. A notícia bombástica que começou a circular no início de 1964 era a seguinte: Goulart estaria em vias de estabelecer monopólio estatal sobre o papel. Por que isso seria tão problemático? Porque o controle do acesso dos jornais ao papel foi um mecanismo utilizado por Vargas para subjugar a imprensa no período ditatorial. Não bastassem os mecanismos de repressão e censura à disposição do Estado Novo, também foi usada essa maneira sutil de pressionar a imprensa: os jornais que causassem problemas ao governo poderiam ser impedidos de obter papel, matéria-prima indispensável à sua existência.

Muitas caricaturas abordaram o assunto, como a da figura 109. No desenho, Goulart passa o rolo compressor sobre uma infeliz senhora, esmagada sob o peso enorme da máquina. O rolo representa o monopólio do papel supostamente a ser implantado por Goulart, e é interessante que tenha sido desenhado de modo a assemelhar-se com uma grande bobina de papel. A pobre senhora é a imprensa livre, uma metáfora para representar o temor de que esta fosse esmagada caso o governo conseguisse seu intento. Vale refletir um pouco sobre a figura escolhida para simbolizar a liberdade de imprensa: a imagem de uma senhora, usada também em outras caricaturas, para representar instituições caras à cultura liberal, como o Parlamento, a Constituição e os partidos políticos – mais especificamente a UDN (ver figura 50). A escolha revela a tentativa de associar tais instituições a valores evocados pela imagem da velha senhora, como dignidade, austeridade e honestidade, que eram cultivados pela retórica liberal e conservadora naqueles anos. É interessante destacar que a imagem de senhoras ou mulheres velhas também foi usada nas caricaturas com sentido negativo e pejorativo, para evocar feiúra e decrepitude. Porém, no presente caso, foi outra a intenção: a figura da mulher madura serve para representar dignidade e respeitabilidade.*

FIG.109 Hilde. *O Estado de S. Paulo*, 02.02.64, p.4. Fonte: BN

* Há ainda outra possibilidade de leitura, relacionada à imagem tradicional construída sobre as mulheres. A escolha da figura feminina talvez correspondesse à intenção de mostrar a liberdade de imprensa como frágil e, portanto, sujeita a violência e carente de proteção.

Desde o início de sua gestão, como visto, Goulart foi atacado sob o argumento de que teria vocação para ditador e poderia implantar algum tipo de regime autoritário no Brasil. Entretanto, as críticas ficaram mais freqüentes e agudas no início de 1964, particularmente após o comício de 13 de março, na Estação Central do Brasil, Rio de Janeiro, quando o governo passou a emitir sinais de que iniciara campanha pelas reformas sociais a qualquer custo. O argumento apresentado no comício por vários oradores, especialmente por Leonel Brizola, era que a realização das reformas poderia demandar o fechamento do Congresso e a convocação de uma Assembléia Constituinte.

João Goulart não fez um discurso tão agressivo no evento, mas o fato de muitos líderes ligados a ele adotarem postura radical, sem serem desautorizados pelo presidente, foi interpretado como indício de radicalização do governo. De qualquer modo, Goulart fez críticas à Constituição, afirmando a necessidade de alterar "a fundo" a Carta Magna para que as reformas sociais pudessem ser efetivadas, notadamente a agrária. E colocou sob pressão o Congresso Nacional, ao exortar os parlamentares a irem ao encontro dos anseios do povo, que desejaria abrir caminho, pacificamente, para a concretização dessas reformas. Embora Jango não tenha feito ameaças explícitas, no clima de insegurança reinante então muita gente percebeu, em tais palavras, a sugestão de que se o Congresso se opusesse às demandas do povo, de quem o presidente se julgava intérprete, estaria correndo risco.

FIG.110 Hilde.
O Estado de S. Paulo, 18.03.64, p.4. Fonte: BN

Pouco após o comício, o governo enviou ao Congresso a tradicional mensagem de início do ano legislativo. O documento, longamente preparado pela assessoria de Goulart, solicitava ao Parlamento a alteração da Constituição da República nos pontos considerados indispensáveis à realização das reformas, como a supressão do artigo que vedava a desapropriação sem indenização em dinheiro. Porém, mais do que essas demandas previsíveis, o governo fez uma solicitação inesperada: pediu a revogação do artigo proibindo a delegação de poderes, o que, em tese, permitiria ao Executivo legislar sem o Congresso. O somatório desses fatos – pressões sobre o Congresso, revisão constitucional e apelo às massas populares – produziu a sensação, nos meios liberais e conservadores, de que o presidente caminhava rumo à ditadura. Analisamos duas caricaturas produzidas nesse contexto, cujo mote é denunciar a suposta intenção de Jango de golpear as instituições.

No primeiro caso (figura 110), temos mais um exemplo de utilização de metáfora médica. Goulart aparece como um doutor arrastando a paciente à força para seu sanatório, com expressão maligna de quem vai cometer alguma crueldade contra a infeliz. O médico, talvez um psiquiatra ou um neurologista, já que os exames anunciados em seu sanatório começam com "eletrochoques" e "cirurgia cerebral", prepara-se para "tratar" a "senhora Constituição", uma alusão ao projeto governamental de reforma da Carta. A composição da caricatura leva o leitor a imaginar tal reforma como coisa terrível e maléfica, só podendo trazer conseqüências funestas para o país.

Na figura 111, a instituição ameaçada pelos intentos autoritários de Goulart é o Congresso Nacional. Jango está dirigindo-se para lá, conforme se lê na tabuleta de indicação, carregando um pesado cadeado. A dificuldade em suportar a carga leva-o a pedir carona a um tanque de guerra, recurso metonímico usado para representar o Exército. O significado da imagem é simples: Goulart deseja fechar o Congresso, ou seja, dar um golpe, mas para realizar essa pesada tarefa precisa do apoio do Exército, dono da força militar. O mais interessante, e significativo, é que Biganti não se limita a interpretar as supostas intenções de Goulart, mas procura também apontar o desfecho dos acontecimentos. Ele coloca o piloto do tanque, ou seja, o Exército, dizendo não a Jango. Em ou-

FIG.111 Biganti. *O Estado de S. Paulo*, 24.03.64, p.4. Fonte: BN

tras palavras, ele assegura que as Forças Armadas não darão sustentação ao golpe do presidente, e, com isso, procura intervir na crise. O caricaturista provavelmente tinha razão: o Exército dificilmente teria dado apoio a um golpe janguista. Mas aceitou um golpe antijanguista.

A análise das representações políticas que permitem compreender a queda de João Goulart ficaria incompleta sem o matiz anticomunista. De fato, se a campanha contra o presidente adquiriu contornos tão graves, isso deveu-se à junção de duas imagens explosivas: ele foi considerado um líder que almejava a ditadura, porém, mais do que isso, pretenderia fazê-lo apoiando-se na esquerda revolucionária. É o que veremos no próximo e último capítulo.

11 Goulart e o perigo vermelho

Desde os anos 1950, quando estabeleceu sólidas relações com líderes sindicais e foi apoiado pelo PCB como candidato a vice-presidente (1955 e 1960), Goulart começou a ser atacado a partir do viés anticomunista. Quando houve a renúncia de Jânio Quadros, esse foi um dos principais argumentos contra a sua posse: a suposição de que ele abriria caminho para a atuação dos comunistas. No decorrer do seu governo e à medida que a crise foi se aguçando, as referências ao perigo vermelho tornaram-se mais intensas e constituíram-se no principal ponto da campanha contra Goulart.

As representações anticomunistas mobilizadas às vésperas de 1964 correspondiam à releitura de uma tradição que deitara raízes no imaginário social brasileiro. Desde o advento da Revolução Soviética, em 1917, e, principalmente, a partir da chamada Intentona Comunista de 1935, havia se consolidado um conjunto de representações associando os comunistas e o comunismo a caracteres negativos, até mesmo maléficos: ditadura, violência, morte, desafio à moral, ateísmo militante, ameaça estrangeira, entre outros.[1] As caricaturas utilizaram esse "arsenal" de argumentos que denunciavam os males do comunismo, apropriando-se de temas e conceitos que o grande público compreenderia sem esforço. Para facilitar o processo de comunicação e atendendo à necessidade de encontrar símbolos para o comunismo, os caricaturistas lançavam mão de certas figuras conhecidas, como Nikita Kruschev, Fidel Castro, Mao Tse-tung, Che Guevara e Tito, líderes que cumpriam o papel de representar o comunismo internacional, e Luiz Carlos Prestes, utilizado como representação dos revolucionários brasileiros.

Desde os anos 1920, em decorrência da sua liderança sobre os jovens militares rebeldes ("tenentes") e do episódio da Coluna que receberia seu nome, Prestes havia se tornado uma figura de pública expressão, projetando a imagem de um herói em luta por causas justas. Quando aderiu ao comunismo, no início dos anos 1930, parte de sua popularidade transferiu-se para o PCB, mas ele começou a ser duramente atacado pelas forças liberais e conservadoras, que tratavam de destruir um mito capaz de transformar o comunismo em força política importante no Brasil. A acusação de servilismo em relação à URSS era o principal elemento nos ataques a Prestes, tema explorado com muito humor e mordacidade pelos caricaturistas, que mostravam o líder do PCB como mero joguete nas mãos dos soviéticos. A partir do final dos anos 1950, outro argumento começou a ser usado para atacá-lo: a idade. Prestes começou a ser retratado como homem velho e decadente, o que implicava uma crítica de igual teor às idéias por ele defendidas.

A partir da ascensão de Goulart à presidência, a figura de Prestes passou a freqüentar mais amiúde a produção caricatural, exatamente para representar o aumento da presença dos comunistas na cena pública e no governo. A figura 112 é um exemplo de ataque a Prestes com o argumento da degenerescência. Muito usada nas caricaturas dos anos 1940 e 1950, a metáfora do realejo aparece aqui também, embora apenas no título do desenho, pois o instrumento

FIG.112 Hilde. *Tribuna da Imprensa*, 03.11.61, p.4. Fonte: BN

musical efetivamente presente é uma vitrola. Porém, há uma referência subliminar à idéia de repetição ligada ao realejo, sugerida pelo fato de a vitrola ou o disco apresentarem algum defeito, gerando uma reprodução enfadonha da mensagem – na verdade, propaganda comunista ("exploração colonialista", "imperialismo", "agentes do capitalismo"). A intenção, talvez, era sugerir que o próprio Prestes seria um realejo, instrumento condenado a repetir incessantemente a mesma mensagem. As letras musicais são misturadas a pequenas foices e martelos, para sugerir o discurso comunista contido na canção. Aqui, Prestes é representado como um velho meio decrépito, quase babão, que se emociona ao ouvir músicas velhas em uma antiga vitrola. A sugestão da velhice do personagem e das "músicas" por ele apreciadas chega aos nossos olhos não só pela vitrola a manivela – instrumento de antiquário nos anos 1960 – e por sua expressão facial, mas também pelas teias de aranha envolvendo os discos.

Já a caricatura da figura 113 é uma atualização para os anos 1960 do argumento da subserviência ao comunismo internacional. Nas primeiras décadas do século, o perigo comunista foi associado à União Soviética, e as acusações de que os revolucionários recebiam ordens do exterior identificavam-na sempre como a potência estrangeira inimiga. Com o advento de outros Estados revolucionários após 1945, novos focos internacionais de subversão passaram a povoar o imaginário anticomunista. No contexto brasileiro dos anos 1960, Cuba dividiu com a URSS o papel de protagonista nas representações sobre a ameaça estrangeira. Prestes, dessa feita, aparece como boneco de fantoche, uma figura manipulada e comandada por outrem. Ele está fazendo um teatrinho comunista, uma encenação, e as duas aves talvez sejam as pombas da paz, com a função, possivelmente, de ironizar o discurso pacifista adotado.* O título da

FIG.113 Hilde. *Tribuna da Imprensa*, 02.12.61, p.4. Fonte: BN

---

* As campanhas internacionais da paz, um dos principais movimentos em que se engajaram os comunistas nos primeiros anos da década de 1950, adotaram como símbolo a pomba. O antico-

caricatura ("Operação Cuba") serve de senha para revelar a identidade da pessoa escondida atrás do cenário, que comanda o teatro e o "fantoche" Prestes: Fidel Castro.

Importa destacar que, no começo de seu governo, Goulart foi relativamente poupado, nas caricaturas, de acusações de envolvimento com o comunismo. Atacava-se com insistência o crescimento da influência comunista no Brasil, mas, quando o governo era mencionado e criticado por suas ligações com a esquerda revolucionária, geralmente as acusações recaíam sobre figuras do segundo escalão, como San Tiago Dantas, por exemplo.

Na caricatura da figura 114, vemos mais um ataque ao reatamento diplomático com a URSS, um dos principais desdobramentos da política externa do governo Goulart. Entretanto, a figura mencionada é San Tiago Dantas, o titular do Itamaraty à época, que aparece como bombeiro tentando apagar um incêndio no edifício "Brasil". O tipo de "fogo" que ameaça o país aparece no detalhe das chamas,

FIG.114 Hilde. *Tribuna da Imprensa*, 01.12.61, p.4. Fonte: BN

munismo atacava veementemente as campanhas de paz dos pró-soviéticos, vendo nelas cinismo e oportunismo político.

em que se vêem pequenas foices e martelos, como se fossem faíscas. O agudo efeito irônico da caricatura é obtido pelo contraste entre o título e a atitude do bombeiro Dantas. Ele apresentava-se aos conservadores como alguém confiável, comprometido com a contenção do comunismo (e o "professor" é uma referência à sua condição de intelectual respeitado), mas suas ações estariam gerando efeito contrário, ou seja, o aumento da "ameaça". De acordo com a metáfora visual, Dantas estaria "combatendo" o fogo comunista com gasolina: o reatamento com a URSS.

Várias caricaturas de teor semelhante foram publicadas no período, e é interessante que algumas tenham insistido na associação entre combustível e comunismo e na ineficiência ou desinteresse do governo em impedir o crescimento da influência dos revolucionários. Na figura 115, vemos uma mangueira sendo tapada por alguém, na tentativa de impedir o fluxo do líquido, mas ela está tão furada que ocorrem vazamentos em toda a sua extensão. O conteúdo, que não pode ser contido e está escapando, é o comunismo, e a idéia central do desenho é denunciar o fluxo incontrolável dessa infiltração no Brasil, diante da inércia das autoridades públicas. É possível que a menção à mangueira e ao combustível fossem referências sutis às acusações sobre infiltração comunista na Petrobras, pois no final de 1963 já estava em gestação a crise na estatal, que eclodiu no início do ano seguinte.

Na imagem da figura 116, outro ataque envolvendo governo, comunismo e indústria petrolífera. O chargista denuncia a intenção do governo de estatizar as refinarias particulares de petróleo, como a de Capuava. No momento em que o desenho foi publicado, esse projeto ainda estava em fase de cogitação, mas veio a ser concretizado em março de 1964, para desgosto dos defensores da iniciativa privada. É importante notar que a mão sinistra, de longas unhas, representando

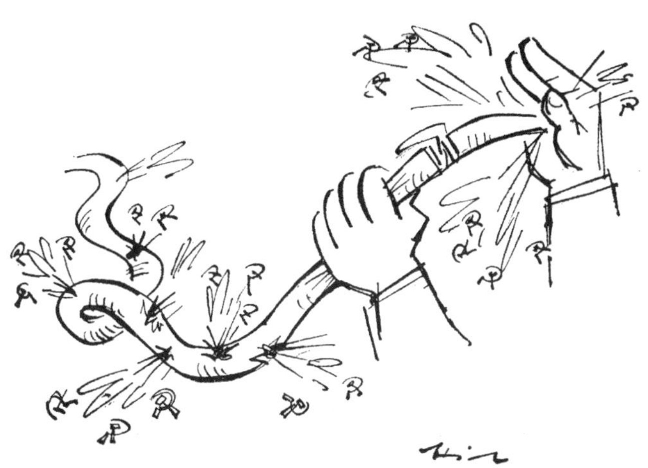

FIG.115 Hilde. *O Estado de S. Paulo*, 14.11.63, p.4. Fonte: BN

FIG.116 Biganti.
O Estado de S. Paulo,
12.11.63, p.4. Fonte: BN

a encampação da refinaria, está atrelada a uma dupla motivação: comunismo e empreguismo (o cabide).

Outro detalhe significativo, revelador dos valores defendidos na charge: a refinaria particular é representada por uma lamparina, e a luz que dela emana chamase iniciativa privada. A imagem de luz remete a um conjunto simbólico tradicional, arquétipo que evoca conceitos como verdade, justiça e progresso, o oposto de escuridão e trevas, que trazem à tona associações com atraso e barbárie. O chargista procura convencer o público de que a mão maligna do governo Goulart pretende cortar o combustível e a luz emanada da iniciativa privada, conduzindo o Brasil a uma era de trevas, em sentido literal e figurado.

Como se pode ver pelas datas das caricaturas reproduzidas nas próximas páginas, com o agravamento da crise, a partir de fins de 1963, e em especial no início de 1964, os ataques de natureza anticomunista contra o governo tornaram-se mais freqüentes. A figura de Goulart deixou de ser poupada, tornando-se objeto de críticas mais duras e de acusações explícitas de associação com o comunismo.

Na figura 117, Jango é retratado como um gaúcho dos pampas, trajando a vestimenta típica. O gaúcho esquenta água para tomar seu mate numa chaleira que representa a subversão. Ele abana o fogo para a "panela" esquentar mais rápido e, assim, apressar a consecução dos fins almejados. A imagem joga com a idéia de que o presidente insuflava a radicalização da esquerda visando ao próprio benefício, ou seja, o aumento de sua popularidade e a permanência no poder. Porém, está implícita, também, uma advertência sobre os riscos em jogo, pois a chaleira, submetida a muita pressão, poderia estourar no rosto do gaúcho...

FIG. 117 Hilde.
O Estado de S. Paulo,
14.01.64, p.4. Fonte: BN

Nas representações caricaturais, assim como nos discursos verbais da oposição, as interpretações acerca dos objetivos de Goulart variavam. Para alguns, ele se aliara à esquerda por puro oportunismo, ou seja, desejava reforçar sua popularidade e obter apoio para prolongar sua permanência no governo. Retomamos, aqui, a linha de análise desenvolvida no capítulo 4, em que foram mostradas representações de Jango como político malicioso e sem escrúpulos, um demagogo preocupado apenas com o poder. Para outros intérpretes, no entanto, Goulart era, efetivamente, homem de convicções esquerdistas, comprometido com a realização de reformas nas estruturas sociais brasileiras. Entretanto, as acusações eram contra a *aliança* de Jango com os comunistas; raríssimas vezes ele próprio foi chamado de comunista, pois sua condição de estancieiro gaúcho dificilmente se combinava com a imagem de revolucionário.

Na figura 118, há uma representação da aliança entre Goulart e o Partido Comunista, simbolizado pela figura de Luiz Carlos Prestes. Jango aparece conferindo ao outro uma medalha com o lema da Revolução Francesa. Só que a caricaturista incluiu um "l" em *egalité* (igualdade), mudando o sentido para *legalité*, ou seja, legalidade. A caricatura pretende denunciar o estreitamento de laços entre o presidente e o maior partido da esquerda revolucionária, fenômeno observado a partir do início de 1964.

Depois da crise do estado de sítio, em outubro de 1963, Goulart passara a emitir sinais de que desejava aproximação com as esquerdas e, enfim, iria abandonar a política pendular mantida até então. Muitos boatos começaram a circular nos meios políticos, e algumas falas e atitudes de Jango conferiram ve-

FIG. 118 **Hilde.** *O Estado de S. Paulo*, 14.02.64, p.4. Fonte: BN

rossimilhança à tese de que dera uma guinada à esquerda. Em janeiro de 1964, por exemplo, Prestes, numa entrevista à televisão, declarou que a esquerda já estava no poder, e deu a entender que os comunistas apoiavam a permanência de Goulart na presidência após o fim do mandato. Outro indício importante do aumento da influência comunista sobre Jango foi o comício da Central do Brasil, em cuja organização os sindicalistas ligados ao PCB tiveram participação de destaque.

A menção à "legalidade" na caricatura referida remete a um episódio importante, que teve lugar em fevereiro de 1964. Tratou-se da tentativa de criar base de apoio mais firme para o presidente, negociada por San Tiago Dantas. A idéia era formar uma coalizão de centro-esquerda que abarcasse desde setores do PSD, passando pelo PTB e chegando ao Partido Comunista. Essa tentativa de articulação recebeu denominações diferentes à época (Frente Única, Frente Popular ou Frente Ampla), mas é significativo que, de toda forma, essas expressões revelem a influência da tradição comunista. Um dos itens do programa da Frente era a legalização do PCB, um tributo à importância desse partido no esquema de sustentação de Goulart. Tal proposta foi entendida à direita como evidência da esquerdização do governo.

Menção peculiar aos perigos do comunismo pode ser vista nas duas caricaturas seguintes, que utilizam a figura do barco como metáfora para o Brasil e, também, para o governo brasileiro. Vários caricaturistas usaram esse mote, mas vamos reproduzir somente dois exemplos, para evitar redundância. No primeiro caso (figura 119), Goulart aparece como marinheiro no comando de um pequeno barco, quase uma lancha. Poucos dias antes da publicação dessa imagem, a Revolta dos Marinheiros havia ocorrido; portanto, a representação de Goulart em trajes de marujo pode ser alusão àquele evento, e ao argumento de que o presidente apoiara o movimento. A frágil embarcação enfrenta uma tempestade no mar e corre sério risco de soçobrar em meio às ondas, que abrigam perigosos tubarões. O desenhista retratou em forma de foice a maior onda, a que se dirige contra o barco e atrai o olhar apreensivo de Goulart. A utilização desse símbolo, naturalmente, é uma maneira de indicar a natureza dos perigos e a origem das forças desencadeadoras da tempestade, que, na visão do artista, ameaçavam "afundar" o Brasil.

Na figura 120, aparece apenas o navio, sem a presença do comandante, e a cena da tormenta marítima é mais dramática, assim como mais assustadoras as ondas/foices. A presença de Goulart, no primeiro exemplo, implica uma crítica mais direta ao presidente. Como comandante do navio, a responsabilidade pela escolha da rota era dele, e, se o país navegava por águas perigosas, a culpa era sua, ou, pelo menos, seria de se esperar que fosse capaz de reorientar a embarcação, em busca de mares mais tranqüilos. Seja qual for a maneira como interpretarmos a imagem, permanece, implícita, uma carga crítica contra Jango, responsabilizado pelo crescimento da influência comunista quer por seus atos, quer por suas omissões.

Um dos temas explorados nas críticas anticomunistas contra Goulart era a idéia de que ele estava alheio aos riscos. O presidente, em sua ânsia de obter apoio das esquerdas para viabilizar seu projeto político, não se dava conta dos perigos para o país e para si mesmo. É a sugestão contida no desenho da figura 121, que apresenta Goulart como alguém tentando cavalgar o tigre/comunismo (note-se o formato das manchas no pêlo do animal). O líder gaúcho pretenderia usar a força e a ferocidade do bicho para alcançar seus intentos políticos, daí a presença do chicote, para representar a intenção de comandá-lo, como se fosse montaria comum. Porém, a fera não era um cavalo dos pampas, do tipo a que Goulart estava acostumado, mas um animal perigo-

FIG.119 **Augusto Bandeira.** *Correio da Manhã*, 31.03.64, p.6. Fonte: BPUC/MG

FIG.120 **Biganti.** *O Estado de S. Paulo*, 01.10.63, p.4. Fonte: BN

FIG.121 **Biganti.** *O Estado de S. Paulo*, 09.02.64, p.5. Fonte: AE/SP

so e traiçoeiro, capaz de estraçalhar o pretenso cavaleiro. A metáfora é simples, mas não é demais explicitá-la: ao tentar domar os comunistas, querendo usar a força deles em proveito de seu projeto pessoal, Jango corria o risco de ser destruído por aliado tão agressivo.

Na figura 122, vê-se argumento parecido ao da caricatura anterior, embora executado com recursos de linguagem diferentes. Neste caso, há referência mais explícita ao oportunismo político atribuído a Goulart e ao perigo implicado em suas estratégias de poder. A caricatura zomba da imprudência do presidente, acusado de se utilizar do discurso da esquerda de maneira demagógica, ao preço de ver a "foice comunista" voltar-se contra si mesmo, como um bumerangue.

A malícia atribuída a Goulart em sua opção esquerdista aparece de maneira enfática na figura 123, bem como o suposto oportunismo por trás de sua política de alianças. A caricatura sintetiza o temor principal das forças conservadoras: que Jango viesse a ser ultrapassado pelos comunistas e acabasse sendo traído e descartado pelos aliados de véspera. Trata-se de exemplar interessante do que pode ser chamado cartum ou caricatura editorial: uma representação figurada do discurso do jornal, transposição para a linguagem do desenho cômico de argumentos verbalizados pelo editorialista. Em diversas ocasiões, os dirigentes do *Estado de S. Paulo* externaram sua preocupação com a estratégia de alianças de Goulart, e com a possibilidade de que o presidente estivesse usando "a técnica da

FIG.122 Biganti.
O Estado de S. Paulo, 06.06.63, p.4. Fonte: BN

FIG. 123 Biganti.
O Estado de S. Paulo,
17.03.64, p.4. Fonte: AE/SP

revolução comunista com a ilusão de desfazer-se posteriormente dos comunistas e manter-se no poder".[2]

Segundo essa interpretação, presente na caricatura, Jango pretendia usar o apoio dos comunistas em benefício de um projeto continuísta e livrar-se dos incômodos aliados tão logo alcançasse seu intento. O problema é que os comunistas desejariam o mesmo, ou seja, utilizar-se de Goulart para chegar ao poder e derrubá-lo na primeira oportunidade. Essa interpretação das intenções das forças políticas em ação no período, apresentada de modo cômico na caricatura, encerrava, na verdade, cenário aterrador para os conservadores: a eventual ascensão dos "vermelhos" ao poder a partir da brecha aberta por Goulart.

Dada a influência de valores liberais naquele contexto, fenômeno parcialmente relacionado à hegemonia norte-americana, a valorização da livre-iniciativa em contraposição ao comunismo era tema importante no debate político. A caricatura apresentada na figura 124 aborda essa questão, tomando como referência as polêmicas geradas pelos projetos de mudança da estrutura fundiária. O propósito era mostrar o modelo soviético como ineficiente em comparação às economias capitalistas, e o Jeca – personagem tradicional nas caricaturas brasileiras, no papel de representante do povo – tenta convencer disso

REFORMA. SIM. MISÉRIA. NÃO!

JECA — Vosmicê não acha os métodos dessa aqui mais mió que os dessa faminta daí?!

FIG.124 Theo. *O Globo*, 11.03.64, p.3. Fonte: HPMG

o presidente Goulart. Essa caricatura é particularmente interessante por abordar a questão da reforma agrária, um dos pontos centrais do embate político nacional à época. Considerando-se o conteúdo do desenho e o título dado pelo artista, a intenção era denunciar que a reforma agrária desejada pela esquerda levaria a agricultura brasileira à miséria.

Ao sugerir que o projeto de reforma agrária do governo Goulart buscava inspiração no modelo soviético, o caricaturista estava distorcendo os fatos. Afinal, a intenção era dividir as grandes propriedades entre os camponeses, e não criar cooperativas ou fazendas estatais, como na URSS. É possível que Theo desconhecesse a realidade soviética e incorresse no erro inadvertidamente, envolvido pelo clamor da campanha anticomunista. Ou, talvez, não se importasse com a realidade dos problemas da agricultura e da reforma agrária, que pode ter sido usada apenas como mote para criticar a aliança do governo com os comunistas. Porém, qualquer que tenha sido a intenção do autor, a mensagem contida na imagem é clara: as reformas do governo levariam à miséria e o modelo liberal seria superior ao comunista.

Embora fossem freqüentes as críticas ao comunismo motivadas pela defesa da livre-iniciativa, mais numerosos eram os ataques mobilizando elementos do anticomunismo tradicional, como referências à ameaça estrangeira, por exemplo. Nesse tipo de caricatura estavam sempre presentes líderes do comunismo internacional, e muitas vezes usavam-se metáforas para representar o tema da infiltra-

FIG.125 Biganti. *O Estado de S. Paulo*, 10.03.64, p.4.
Fonte: AE/SP

ção, como a do cavalo de Tróia. Na reprodução da figura 125 aparecem novamente juntos Kruschev e Goulart, e a denúncia de que o brasileiro estaria sob influência do soviético. A novidade fica por conta do uso do tabuleiro de xadrez como metáfora para a disputa política, representando o jogo do poder. Na cena, o líder soviético é o jogador movendo as peças do xadrez internacional, num tabuleiro que é a América Latina. Kruschev, em suas manobras para dominar a região, manipula o presidente brasileiro como um peão, e é significativo que Goulart tenha sido associado à peça mais ordinária e frágil do jogo. Vale notar os traços faciais de Kruschev, que raiam o grotesco. Ele parece um troglodita ou um ogro, pronto a devorar tudo à sua frente, com uma bocarra medonha e sobrancelhas arqueadas, detalhe usado pelo desenhista para conferir à figura uma expressão maligna.

Em meio ao clima de radicalização anterior ao golpe de 1964, a definição de comunismo e de quem seria efetivamente comunista adquiriu contornos vagos. Seja por falta de informação, por dificuldade de identificar os verdadeiros comunistas, ou mesmo por manipulação política (visando a criar uma sensação de perigo superior à realidade), alastrou-se o pânico anticomunista no Brasil, e muitas pessoas foram contaminadas por esse medo. O fato de os comunistas e a esquerda influenciarem o governo não pode ser negado, e nesse sentido a "ameaça vermelha" não foi mera fabulação. Entretanto, as representações sobre ela construíram imagens exageradas da situação, criando um temor superior à efetiva força política da esquerda revolucionária.

A produção caricatural foi influenciada por essa onda anticomunista, assim como contribuiu para sua propagação. Não obstante, devido às características particulares de sua linguagem, cujas marcas principais são o humor e a comicidade, as caricaturas deram um tratamento menos dramático à temática anticomunista, em contraste com outras formas de discurso político em ação no contexto.

Epílogo

A sociedade brasileira viu o início do crítico mês de março de 1964 acossada pela sensação de que o país caminhava rumo ao abismo, engolfado por lutas dramáticas entre a esquerda e a direita. O presidente da República, personagem central não apenas nos acontecimentos, mas, sobretudo, na imaginação política do período, foi representado como líder com vocação autoritária e aliado da esquerda radical. Reiterando, a fonte principal da ansiedade sentida pelas forças liberais e conservadoras vinha do temor de que a política de alianças de Jango abrisse caminho para o crescimento da influência comunista, que poderia fugir a seu controle.

Na figura 126, temos uma alusão ao período crítico vivido no mês de março, em que Lan evoca um episódio político da Antigüidade para mencionar os riscos à espreita de Goulart. O desenhista compara Jango ao imperador romano Júlio César, assassinado no mês de março de 44 a.C. por senadores que o acusavam de transformar a República numa tirania. Na caricatura, Goulart, em trajes romanos e com expressão apreensiva, dialoga com uma estátua de César, que procura adverti-lo dos perigos rondando sua cabeça. É interessante mencionar que a equipe de jornalistas políticos do diário em que saiu essa caricatura publicou, no segundo semestre de 1964, em forma de livro, uma grande reportagem sobre o golpe intitulada *Os idos de março e a queda em abril.* Como se vê, alguns observadores contemporâneos interpretaram aquela crise fazendo uso metafórico da tragédia clássica. De fato, a gravidade dos eventos posteriores permite identificar elementos de tragédia naqueles acontecimentos, eventualmente combinados à comédia.

A advertência a Goulart, contida nessa caricatura, deve ser compreendida no quadro de inquietação anterior ao comício da Central do Brasil, que seria realizado naquele mesmo dia, 13 de março de 1964. Nos

FIG.126 Lan. *Jornal do Brasil*, 13.03.64, p.4. Fonte: HPMG

— *Você ouviu falar em idos de março?*

meios políticos e na imprensa circulavam inúmeros boatos sobre o teor dos discursos e das medidas a serem anunciadas durante o comício, gerando sobressalto nos opositores de Goulart. Temia-se que o presidente iniciasse uma campanha de reformas sociais radicais, com estatização de propriedades e reforma agrária, e a insegurança tomou conta das classes média e alta.

Como estavam em atividade vários grupos radicais de direita, os aliados de Goulart passaram a temer a possibilidade de atentados durante o evento, e, por isso, houve o cuidado de adotar medidas de segurança mais rigorosas. Um dos propósitos da caricatura da figura 127 é mencionar a preocupação com a segurança de Goulart durante o comício. O presidente veste uma armadura, como quem parte para uma batalha campal. A fala do auxiliar que abre a porta convidando Jango a entrar em cena, bem como o fato de ele estar num camarim, sugere outra chave de leitura. Trata-se de menção ao caráter teatral da política, em que os líderes, invariavelmente, assumem postura de atores dramáticos, mobilizando as emoções do público para conquistar sua atenção e estima. O comício, nesse sentido, tinha caráter de evento teatral, e a caricatura procura revelar e denunciar tal faceta ao público.

O mesmo caricaturista, alguns dias antes, havia abordado o tema do comício da "sexta-feira 13" em tom ainda mais galhofeiro (figura 128). O fato de o grande ato público ter caído numa sexta-feira 13, como não poderia deixar de ser, gerou brincadeiras envolvendo as superstições populares em relação à data.

FIG.127 Lan. *Jornal do Brasil*, 15.03.64, p.3. Fonte: HPMG

FIG.128 Lan. *Jornal do Brasil*, 07.03.64, p.4. Fonte: HPMG

FIG.129 Hilde. *O Estado de S. Paulo*, 13.03.64, p.4. Fonte: BN

Muita gente achava péssima idéia marcar comício tão importante para um dia agourento, e Lan brincou com o tema.

Diante do olhar curioso do sisudo militar, provavelmente representando os responsáveis pela segurança do presidente, que traçavam estratégias e planos para garantir sua proteção durante o comício (ou talvez representando a direita militar que almejava derrubá-lo, e aí as mandingas seriam contra tal figura), Jango submete-se a uma série de rituais mágicos e místicos. Em busca de atrair o favorecimento de forças "superiores", Goulart cerca-se de patuás, figas e amuletos de todos os tipos, bem como participa de um ritual de umbanda. A dimensão insólita da cena, responsável pelo humor, é o contraste entre o aspecto formal e marcial do oficial e a feição popular e mística dos ritos mágicos.

O evento do dia 13 também trouxe inspiração a Hilde, autora de uma caricatura que continha, além de comentário crítico, um vaticínio negativo para o comício, com previsão de resultado ruim para o grupo janguista (figura 129). Na cena, aparecem o PTB – através de seu personagem caricatural – e Prestes, representando as duas forças políticas responsáveis por sustentar o projeto reformista de Goulart e organizar o comício "monstro", ou seja, os trabalhistas e os comunistas. Hilde ironiza a pretensão dos organizadores de realizar um evento em massa, pois coloca os dois personagens segurando sozinhos a faixa do comício, com ares de constrangimento e contrariedade. Detalhe fundamental é o cidadão que, em traje de banho, dirigindo-se à praia, cruza com os dois militantes, e lança-lhes um olhar algo maroto. Como o governo declarara ponto facultativo nas repartições federais (ver o jornal debaixo do braço do popular), Hilde está dizendo que os cariocas vão preferir a praia à praça, vaticinando o fracasso do comício. Na verdade, ela estava torcendo por um fracasso e tentando ajudar a provocá-lo, embora *O Estado de S. Paulo* não circulasse muito no Rio de Janeiro.

Como sabemos, Hilde estava enganada, e o comício foi um sucesso de público: há uma estimativa de que cerca de 200 mil pessoas compareceram. O objetivo dos organizadores era empolgar os grupos de esquerda e seguidores de Goulart, mostrando que o presidente tinha apoio popular para fazer as reformas de base. Simultaneamente, pretendia-se pressionar e assustar os conservadores, na tentativa de enfraquecer sua resistência aos projetos do governo. O êxito foi completo e o susto grande, mas o medo que as bandeiras com foices e martelos e os discursos inflamados geraram não provocou desânimo nas forças liberais e conservadoras; ao contrário, levou-as à ação. A oposição resolveu disputar com Goulart o espaço público e ver quem levava mais gente às ruas. Foi preparada uma grande manifestação em São Paulo, a Marcha da Família com Deus pela Liberdade, que levou centenas de milhares de pessoas ao centro da capital estadual, em grande

FIG.130 Biganti.
O Estado de S. Paulo, 21.03.64, p.4. Fonte: BN

medida mobilizadas pelo sentimento anticomunista. O sucesso da manifestação conservadora ecoou pelo país, e outras marchas do gênero foram preparadas.

A charge da figura 130 comemora o sucesso da marcha paulista, evocando os laços entre o evento e a "tradição democrática" daquele estado. Vale a pena mencionar que na Marcha foram mobilizados muitos símbolos regionais, como o mito bandeirante e o movimento constitucionalista de 1932, para mostrar que a repulsa ao comunismo e à tirania estava enraizada nas tradições paulistas. O desenho sugere que o sucesso do evento implicaria, inexoravelmente, a derrota do comunismo, varrido para a lata de lixo. Detalhe significativo: na lata de lixo aparecem, ao lado da foice e do martelo, os símbolos do nazismo e do fascismo.

A referência à suástica e ao *fascio* correspondia à estratégia de associar o governo Goulart a ditaduras e regimes políticos nefastos. Era uma crítica apoiada no conceito de totalitarismo, que denuncia a presença de semelhanças profundas entre comunismo e nazifascismo. A mesma estratégia foi usada em filmes de propaganda elaborados pelo Ipês, que superpunham imagens de Hitler e Stalin, assim como cenas da Segunda Guerra Mundial e imagens da invasão soviética à Hungria, em 1956.*

* O Ipês (Instituto de Pesquisas Econômicas e Sociais) foi fundado em 1961 por líderes do grande empresariado, com o propósito de defender os valores liberais e combater o comunismo. Entre o material de divulgação produzido por essa organização, destaca-se uma série de filmes de propaganda. Sobre esse assunto, ver a obra *Propaganda e cinema a serviço do golpe (1962-1964)*, de Denise Assis.

Encontrar traços semelhantes entre Hitler e Stalin é um exercício de análise defensável e consistente, mas não podemos dizer o mesmo da tentativa de associar o governo Goulart, simultaneamente, a comunismo e nazismo.

No final de março de 1964, durante a Semana Santa, teve lugar outro evento político dramático, a chamada Rebelião ou Revolta dos Marinheiros. O episódio motivou caricatura muito inspirada de Augusto Bandeira, em que Jango recebe como presente de Páscoa uma verdadeira bomba (figura 131). A caricatura parece zombar da capacidade de discernimento político do presidente, pois ele olha para o ovo/bomba com expressão ingênua; parece feliz com o presente e incapaz de perceber seu potencial explosivo. A crise decorreu de uma assembléia da associação dos marinheiros, que constituía uma organização ilegal segundo as normas militares. Os fuzileiros navais enviados para prender os líderes dos marinheiros largaram as armas e aderiram ao movimento, instalando o impasse.

O modo como Goulart reagiu a essa manifestação de indisciplina foi interpretado como sinal de que desejava o enfraquecimento das Forças Armadas. Um dos mais tradicionais argumentos anticomunistas era que a ação revolucionária pressupunha a destruição das instituições militares, como precondi-

FIG.131
Augusto Bandeira.
Correio da Manhã,
29.03.64, p.6.
Fonte: BPUC/MG

ção para a tomada do poder. O presidente aceitou a demissão do ministro da Marinha, que desejava punir os marinheiros, e autorizou a libertação dos rebeldes, cujas comemorações animadas apareceriam em fotografias nos jornais. Como se não bastasse, Goulart nomeou para o posto vago – justamente o daquela considerada a mais conservadora das três Armas –, um dos raros oficiais da Armada afinados com o pensamento esquerdista, o almirante Paulo Mario da Cunha Rodrigues. Esses atos constituíram erros políticos graves, e não apenas para o olhar privilegiado de quem sabe como os eventos se processaram, mas, também, na avaliação de observadores contemporâneos.

A crise dos marinheiros e a atitude do governo conferiram ares de verossimilhança às advertências sobre suposta guerra revolucionária comunista em marcha, convencendo a oposição de que Jango se encaminhava rapidamente para um golpe de esquerda apoiado nos "peões", ou seja, nos segmentos populares e militares subalternos. É esse o tema da caricatura reproduzida na figura 132, uma curiosa alusão metafórica à luta de classes através do jogo de xadrez. No desenho, Goulart é retratado como jogador vencedor, com ar autoconfiante e convencido de quem acaba de ganhar a partida com uma jogada brilhante. Detalhe decisivo para compreender a mensagem: Jango utiliza apenas os peões do

FIG.132 Lan. *Jornal do Brasil*, 31.03.64, p.4. Fonte: HPMG

jogo, enquanto o oponente, já em fuga, tem a seu lado somente as peças nobres, quer dizer, as elites e os grupos dominantes.

FIG.133 Biganti. *O Estado de S. Paulo*, 04.04.64, p.4. Fonte: AE/SP

Publicada na manhã do dia 31 de março, quando ainda não se sabia que as forças golpistas já estavam em marcha, essa caricatura é particularmente interessante por apresentar previsão de vitória para as forças populares e janguistas. Como sabemos, o desenhista enganou-se redondamente. Ao contrário do presidente representado no desenho, o Goulart real não aplicou nenhum xeque-mate, e os bispos, cavalos, reis e rainhas viraram o jogo e o expulsaram, bem como a seus peões, do tabuleiro.

Na visão dos vitoriosos de 1964, seu sucesso implicou não somente a derrota de Jango e dos grupos de esquerda nacionais, mas teve repercussões além-fronteiras. Afinal, o xadrez político jogado à época tinha dimensão internacional, e a queda de Goulart foi interpretada como uma vitória do "mundo livre" contra o "império do mal". É esse o argumento da caricatura reproduzida na figura 133, publicada a 4 de abril de 1964, ainda sob impacto do sucesso do golpe. Vale ressaltar a existência de diálogo com outra caricatura do mesmo autor, publicada alguns dias antes (figura 125). Naquele desenho, Goulart e Kruschev aparecem "jogando" com grande desenvoltura, tomando a iniciativa e aparentando ter o controle dos eventos.

A última caricatura, com a qual encerramos este livro, é a continuação e o fim da história, mostrando a derrota de Jango e dos comunistas. Ela é um misto de *happy end* e comemoração, para quem acreditou ter visto em 31 de março a vitória da liberdade sobre a ameaça da tirania vermelha.

Considerações finais

Embora não se possa responsabilizar a grande imprensa pela queda de Goulart, é inquestionável a contribuição dos jornais para o enfraquecimento do governo, ao divulgar imagens que ajudaram a disseminar insegurança e mesmo pânico entre setores influentes da sociedade brasileira. Como parte integrante do discurso jornalístico, as caricaturas concorreram para o estabelecimento do quadro de insegurança que alicerçou as bases para o golpe de Estado, não obstante a sua veia humorística implicasse, por vezes, abordagens menos dramáticas da crise política.

A grande imprensa, naturalmente com exceção do jornal *Ultima Hora*, recebeu bem o movimento civil-militar que derrubou Goulart – de fato, com indisfarçável sensação de alívio – e o teor da maioria das caricaturas acompanhou essa tendência. No entanto, isso não implicava, necessariamente, apoio a um regime ditatorial de caráter militar. Durante o regime militar, significativamente, a maioria dos caricaturistas, que nos anos anteriores ao golpe havia atacado Goulart e as esquerdas, passou a denunciar os militares e o autoritarismo, perfilando-se ao lado das forças em luta pelo retorno à democracia.

Embora sua linguagem característica não se combine facilmente com discursos políticos rígidos, dada a atração por imagens hiperbólicas e a verve cômica, que deixam larga margem para ambigüidade, as caricaturas ajudaram a construir representações de ampla circulação no período, que ofereciam explicações sobre o contexto e interpretavam as intenções dos atores políticos em confronto. Tais representações descortinavam um cenário grave, em que se via a radicalização política caminhando na direção da ruptura institucional. Algumas caricaturas abordaram o risco de golpe proveniente da direita, mas a maioria delas apontava o perigo maior na esquerda.

Nesse quadro, a figura do presidente João Goulart teve papel fundamental – ou melhor, as representações elaboradas sobre ele o tiveram. Jango foi retratado como político ardiloso e demagogo, cuja ânsia de permanecer no poder levava-o a cortejar o autoritarismo e, eventualmente, a ditadura ao estilo varguista ou peronista. A ameaça maior a povoar os pesadelos dos grupos conservadores, entretanto, era a disposição do presidente de governar com apoio da esquerda, inclusive a revolucionária. Jango foi considerado, por muito tempo, um político ambíguo e indefinido, e esse tema deu origem a numerosas e inspiradas caricaturas. Porém, no momento agudo da crise, as forças defensoras da ordem consideraram que afinal ele resolvera-se pela esquerda, e isso selou seu destino. Não foi o problema da corrupção, tampouco uma atitude de oposição frontal a reformas sociais, o combustível principal para o golpe. Foi o medo de uma possível revolução social, conduzida por um presidente aliado dos comunistas.

Corrupto, demagogo, autoritário, comunizante, indeciso, malicioso, ingênuo: todos esses traços – e alguns deles são contraditórios – foram atribuídos a Goulart. Não se pretende aqui desvelar o verdadeiro Jango; não é esse o objetivo, nem o tipo de enfoque adotado o permitiria. O foco são as representações caricaturais, e elas são fundamentais, pois ajudaram a construir a imagem pública do presidente: foi assim que as pessoas o viram na época, independentemente de quem ele fosse de fato. As caricaturas ajudaram a construir a realidade, pois influenciaram a percepção dos acontecimentos, contribuindo, assim, para impulsionar as pessoas à ação.

Importa ressalvar, porém, que, dada a sua natureza, as caricaturas enfatizam os traços negativos do personagem. Elas nos ajudam pouco a ver o lado positivo, a entender as razões da popularidade de João Goulart, que era considerável naqueles anos. Nas semanas anteriores ao golpe, um contingente apreciável da população desejou a saída de Jango, especialmente nas camadas média e alta da sociedade. Outros setores, entretanto, eram simpáticos ao discurso reformista e nacionalista do presidente, não obstante tenham se mantido passivos durante o golpe.

Outra ressalva importante, uma advertência sobre os cuidados desejáveis ao analisar as representações construídas sobre o contexto e especialmente sobre Goulart: alguns relatos de pessoas próximas dele mencionam características contrárias às apontadas por seus críticos. Segundo amigos, Jango não teria apego ao poder, seria um político manso e paternal, dono de uma personalidade dificilmente compatível com o papel de ditador. Desse contraste entre representações tão díspares sobre a mesma pessoa resulta que definir a real personalidade de João Goulart está longe de ser trabalho simples e isento de polêmica.

Falta uma reflexão final sobre o alcance das caricaturas. Teriam elas logrado efetivamente atingir público amplo, influenciando de modo marcante a opinião das pessoas em relação às disputas políticas em curso na primeira metade da década de 1960? Retomando argumentação apresentada no início do livro, o simples fato de as caricaturas serem publicadas não garante que tenham impactado o público, tampouco que tenham sido recebidas e interpretadas de maneira unívoca. Embora não seja propósito deste livro aprofundar a discussão sobre o tema da apropriação ou recepção, existem indícios claros de que a produção caricatural daqueles anos teve impacto significativo. O caso das figuras caricaturais do gorila e do corvo (Carlos Lacerda) é, nesse sentido, exemplar. Essas duas construções caricaturais produziram resultados efetivos e duradouros, a ponto de os grupos atingidos pela zombaria (militares e seguidores de Carlos Lacerda) terem se mobilizado para dar resposta aos atacantes, principalmente através da estratégia de se apropriar daquelas representações visando a diluir seu conteúdo crítico. Assim, grupos ligados a Lacerda começaram a referir-se a ele como corvo, e alguns militares adotaram o termo gorila. Nos dois casos, a intenção era tentar alterar o sentido inicialmente pejorativo.

Os caricaturistas procuravam construir linguagem popular, que permitisse ao grande público compreender seu discurso. Daí o uso de metáforas simples, exatamente para lograr comunicar-se com grupos sociais mais amplos, assim como o diálogo e a apropriação de temas provenientes de outras formas de expressão cultural, como teatro, mitologia, literatura, artes plásticas e música popular. Para seduzir o olhar do público, eles utilizaram-se, sobretudo, da veia cômica da linguagem caricatural. Teriam atingido seu objetivo, chegando realmente ao povo? Não é pergunta fácil de responder, e a cautela recomenda evitar afirmações peremptórias. Entretanto, é certo que pelo menos os setores formadores de opinião foram atingidos e, naturalmente, as classes média e alta, grupos sociais que compunham a maior parcela dos leitores de jornais. E foram precisamente essas camadas sociais, mobilizadas às vésperas de 1964, que definiram o desfecho da crise.

Antoine de Baecque, em formulação feliz, chamou as caricaturas de "mídia do efêmero". Concordo, em parte, mas prefiro o argumento de Charles Baudelaire, para quem as caricaturas se dividem em dois tipos principais: as que desaparecem com o tempo e as duráveis, eternas. As imagens reproduzidas neste livro são as do tipo durável, e merecem ser resgatadas do esquecimento. Na pior das hipóteses, elas oferecem uma perspectiva incomum sobre o contexto em foco, apresentando a crise de 1964 através das lentes da comicidade e do humor.

Notas

Prefácio (p.9-13)

1. Georges Minois, *História do riso e do escárnio*, p.275.

Introdução (p.15-31)

1. José Marques de Melo, *A opinião no jornalismo brasileiro*, p.123.
2. Pedro Corrêa do Lago, *Caricaturistas brasileiros*, p.10.
3. Sobre o surgimento e a história da caricatura brasileira, ver Herman Lima, *História da caricatura no Brasil*, e Pedro Corrêa do Lago, *Caricaturistas brasileiros*.
4. Antoine de Baecque, *La caricature révolutionnaire*.
5. Pierre Francastel, *A imagem, a visão e a imaginação*, p.95.
6. Peter Burke, *Testemunha ocular*, p.98.
7. Não obstante, a retórica não é insensível ou incompatível com a verdade. Para uma discussão sobre as relações entre retórica, prova e verdade, ver o livro *Relações de força*, de Carlo Ginzburg, p.47-63.
8. Quentin Skinner, *Razão e retórica na filosofia de Hobbes*, p.268-82.
9. Para uma teorização acerca do riso e da comicidade, ver Henri Bergson, *O riso*, e Vladimir Propp, *Comicidade e riso*.
10. Muniz Sodré e Raquel Paiva, *O império do grotesco*, p.28.
11. Michel Jouve, *L'âge d'or de la caricature anglaise*, p.84.
12. Georges Minois, *História do riso e do escárnio*, p.65.
13. Para uma discussão mais aprofundada sobre o conceito de representações, conferir a coletânea organizada por Ciro Flamarion Cardoso e Jurandir Malerba, *Representações: contribuição a um debate interdisciplinar*.
14. O conceito é de Fontanier (apud Paul Ricoeur, *A metáfora viva*, p.97).
15. Hayden White, *Meta-história*, p.46-8.
16. Na verdade, a proposta de Panofsky é mais complexa do que pode parecer pela síntese sumária apresentada aqui. Ele distingue a análise da imagem em três níveis, e não somente em dois. Para uma visão mais profunda sobre o método da iconologia, ver a sua introdução a *Estudos de iconologia*.
17. Para um balanço sobre os méritos e limites da iconologia e da semiologia, ver Peter Burke, *Testemunha ocular*, p.213-23.

1. Personagens (p.33-46)

1. *O Estado de S. Paulo*, 02.07.63, p.6.

2. Antonio Callado, "Jango ou o suicídio sem sangue", em Alberto Dines et al., *Os idos de março e a queda em abril*, p.258.

5. Mar de lama (p.82-91)

1. Cf. *Correio da Manhã* (25.01.64, p.6), *O Globo* (28.01.64, p.1) e *O Estado de S. Paulo* (12.11.63, p.3).

2. João Calmon, *Duas invasões*, p.260.

7. O movimento sindical e a onda grevista (p.102-113)

1. Marcelo Badaró Mattos, "Greves, sindicatos e repressão policial no Rio de Janeiro (1954-1964)", p.245.

2. Renato Lemos, *Justiça fardada*, p.9-32.

11. Goulart e o perigo vermelho (p.157-169)

1. Para um estudo aprofundado do fenômeno anticomunista no Brasil, ver meu livro *Em guarda contra o "perigo vermelho": o anticomunismo no Brasil (1917-1964).*

2. "A subversão em marcha". *O Estado de S. Paulo,* 21.11.63, p.3.

Relação das fontes

Instituições pesquisadas

Arquivo do Estado de São Paulo
Arquivo Nacional
Arquivo Público do Estado do Rio de Janeiro
Arquivo Público Mineiro
Biblioteca da Pontifícia Universidade Católica de Minas Gerais
Biblioteca da Universidade Federal de Minas Gerais
Biblioteca Nacional
Hemeroteca Pública de Minas Gerais

Periódicos

Ação Democrática (RJ): jun 1959 a jul 1963
Correio da Manhã (RJ): jan 1962 a abr 1964
Diário de Pernambuco (PE): jan a abr 1964
Estado de Minas (MG): ago 1961 a abr 1964
Folha de S. Paulo (SP): jan a abr 1964
Jornal do Brasil (RJ): mai 1961 a abr 1964
Manchete (RJ): nov 1955 a abr 1964
Maquis (RJ): ago 1956 a abr 1962
Novos Rumos (RJ): abr 1961 a mar 1964
O Cruzeiro (RJ): jan 1963 a abr 1964
O Estado de S. Paulo (SP): mar 1961 a abr 1964
O Globo (RJ): mar 1961 a abr 1964
O Jornal (RJ): jan a abr 1964
O Semanário (RJ): abr 1962 a jul 1963 (números esparsos)
Por um Mundo Melhor (MG): jul 1961 a jun 1962
Tribuna da Imprensa (RJ): ago 1961 a jul 1963
Ultima Hora (RJ): ago 1961 a mar 1964.

Bibliografia

Abreu, Alzira et al. *A imprensa em transição. O jornalismo brasileiro nos anos 50.* Rio de Janeiro: FGV, 1996.

Alberti, Verena. *O riso e o risível.* Rio de Janeiro: Jorge Zahar/FGV, 1999.

Assis, Denise. *Propaganda e cinema a serviço do golpe (1962-1964).* Rio de Janeiro: Mauad/Faperj, 2001.

Aumont, Jacques. *A imagem.* Campinas: Papirus, 2000. 4ª ed.

Azevêdo, Fernando Antônio. *As Ligas Camponesas.* Rio de Janeiro: Paz e Terra, 1982.

Baciu, Stefan. *Lavradio, 98. Histórias de um jornal de oposição: a Tribuna da Imprensa ao tempo de Carlos Lacerda.* Rio de Janeiro: Nova Fronteira, 1982.

Baecque, Antoine de. *La caricature révolutionnaire.* Paris: CNRS, 1988.

Bakhtin, Mikhail. *A cultura popular na Idade Média e no Renascimento: o contexto de François Rabelais.* Brasília: UnB, 1993.

Bandeira, Moniz. *O governo João Goulart: as lutas sociais no Brasil (1961-1964).* Rio de Janeiro: Civilização Brasileira, 1977.

Barthes, Roland. "Rhétorique de l'image". In *Oeuvres complètes.* Tomo II. Paris: Seuil, 2002, p.573-88.

Baudelaire, Charles. "Quelques caricaturistes françaises". In *Curiosités esthétiques.* Paris: Garnier Frères, 1962, p.265-89.

Beired, José Luis Bendicho. *Breve história da Argentina.* São Paulo: Ática, 1996.

Benevides, Maria Victoria de Mesquita. *A UDN e o udenismo. Ambigüidades do liberalismo brasileiro (1945-1965).* Rio de Janeiro: Paz e Terra, 1981.

Bergson, Henri. *O riso. Ensaio sobre a significação da comicidade.* São Paulo: Martins Fontes, 2001.

Botas, Paulo Cezar Loureiro. *A bênção de abril. "Brasil urgente": memória e engajamento católico, 1963-64.* Petrópolis: Vozes, 1983.

Brecht, Bertold. *O círculo de giz caucasiano.* In *Teatro completo*, vol.9. Rio de Janeiro: Paz e Terra, 1992, p.179-296.

Burke, Peter. *Testemunha ocular. História e imagem.* Bauru: Edusc, 2004.

Calmon, João. *Duas invasões.* vol.1: *Invasão vermelha.* Rio de Janeiro: O Cruzeiro, 1966.

CARDOSO, Ciro Flamarion e Jurandir Malerba (orgs.). *Representações: contribuição a um debate interdisciplinar*. Campinas: Papirus, 2000.

CARVALHO, José Murilo de. *Forças Armadas e política no Brasil.* Rio de Janeiro: Jorge Zahar, 2005.

COELHO, Teixeira (org.). *Dicionário crítico de política cultural. Cultura e imaginário.* São Paulo: Iluminuras, 1997.

CORRÊA, Marcos Sá. *1964: visto e comentado pela Casa Branca*. Porto Alegre: L&PM, 1977.

COSTELLA, Antônio F. *O controle da informação no Brasil.* Petrópolis: Vozes, 1970.

COTRIM, Álvaro. *Pedro Américo e a caricatura.* Rio de Janeiro: Pinakotheke, 1983.

D'ALMEIDA, François. *Images et propagande.* Firenze: Casterman, 1995.

D'ARAUJO, Maria Celina, Gláucio A.D. Soares e Celso Castro (orgs.). *Visões do golpe: a memória militar sobre 1964*. Rio de Janeiro: Relume-Dumará, 1994.

________. *Os anos de chumbo: a memória militar sobre a repressão.* Rio de Janeiro: Relume-Dumará, 1994.

________. *A volta aos quartéis: a memória militar sobre a abertura.* Rio de Janeiro: Relume-Dumará, 1995.

D'ARAUJO, Maria Celina e Celso Castro (orgs.). *Ernesto Geisel.* Rio de Janeiro: FGV, 1997.

DINES, Alberto et al. *Os idos de março e a queda em abril.* Rio de Janeiro: José Álvaro, 1964. 3ed.

DOMENACH, Jean-Marie. *A propaganda política.* São Paulo: Difel, 1963. 2ª ed.

DREIFUSS, René Armand. *1964: a conquista do Estado*. Petrópolis: Vozes, 1981. 2ª ed.

DUBOIS, Philippe. *O ato fotográfico.* Campinas: Papirus, 1993. 7ª ed.

DULLES, John W.F. *Unrest in Brazil. Political-Military Crisis (1955-1964).* Austin: University of Texas Press, 1970.

________. *Carlos Lacerda. A vida de um lutador.* vol.1. Rio de Janeiro: Nova Fronteira, 1992.

DURAND, Gilbert. *La imaginación simbólica.* Buenos Aires: Amorrortu, 1971.

________. *As estruturas antropológicas do imaginário.* São Paulo: Martins Fontes, 1997.

DUTRA, Eloy. *IBAD: sigla de corrupção*. Rio de Janeiro: Civilização Brasileira, 1963.

FERREIRA, Marieta. "João Goulart". In *Dicionário histórico-biográfico brasileiro.* vol.III. Rio de Janeiro: FGV. p.2610-29. 2ª ed.

FIGUEIREDO, Argelina Cheibub. *Democracia ou reformas? Alternativas democráticas à crise política: 1961-1964*. São Paulo: Paz e Terra, 1993.

FLORES, Elio Chaves. "Representações cômicas da República no contexto do getulismo". *Revista Brasileira de História.* São Paulo: Anpuh/Humanitas, vol.21, n.40, 2001, p.133-57.

FONSECA, Joaquim da. *Caricatura – a imagem gráfica do humor.* Porto Alegre: Artes e Ofícios, 1999.

FRANCASTEL, Pierre. *A imagem, a visão e a imaginação.* Lisboa: Edições 70, 1998.

GINZBURG, Carlo. *Relações de força. História, retórica, prova.* São Paulo: Companhia das Letras, 2002.

Goatly, Andrew. *The language of metaphors.* Londres: Routledge, 1997.

Gombrich, Ernest. *Arte e ilusão. Um estudo da psicologia da representação pictórica.* São Paulo: Martins Fontes, 1986.

Goulart, Silvana. *Sob a verdade oficial. Ideologia, propaganda e censura no Estado Novo.* São Paulo: Marco Zero, 1984.

Hasslocher, Ivan. "As classes produtoras diante do comunismo". Suplemento de *Ação Democrática*, fev 1962.

Hippolito, Lúcia. *PSD: de raposas e reformistas. O PSD e a experiência democrática brasileira (1945-1964).* São Paulo: Paz e Terra, 1985.

Huggins, Martha K. *Polícia e política. Relações Estados Unidos/América Latina.* São Paulo: Cortez, 1998.

Jouve, Michel. *L'âge d'or de la caricature anglaise.* Paris: Fondation Nationale des Sciences Politiques, 1983.

Jurema, Abelardo. *Sexta-feira 13. Os últimos dias do governo Goulart.* Rio de Janeiro: O Cruzeiro, 1964.

________. *Juscelino & Jango. PSD & PTB.* Rio de Janeiro: Artenova, 1979.

Kossoy, Boris. *Fotografia e história.* São Paulo: Ática, 1989.

Kris, Ernst e E.H. Gombrich. "Os princípios da caricatura". In Kris, E. *Psicanálise da arte.* São Paulo: Brasiliense, 1968.

Lacerda, Carlos. *Depoimento.* Rio de Janeiro: Nova Fronteira, 1978. 2ª ed.

________. *Discursos parlamentares.* Rio de Janeiro: Nova Fronteira, 1982. 2ª ed.

Lago, Pedro Corrêa do. *Caricaturistas brasileiros.* Rio de Janeiro: Contracapa, 2001. 2ª ed.

Langlois, Claude. *La caricature contre-révolutionnaire.* Paris: CNRS, 1988.

Lemos, Renato. *Uma história do Brasil através da caricatura.* Rio de Janeiro: Bom Texto/ Letras & Expressões, 2001.

________. *Justiça fardada. O general Peri Bevilacqua no Superior Tribunal Militar (1965-1969).* Rio de Janeiro: Bom Texto, 2004.

Lima, Herman. *História da caricatura no Brasil.* Rio de Janeiro: José Olympio, 1963.

________. *Rui e a caricatura.* Rio de Janeiro: Gráfica Olímpica Editora, 1950.

Loredano, Cássio. *O bonde e a linha. Um perfil de J. Carlos.* São Paulo: Capivara, 2002.

Lustosa, Isabel. *Histórias de presidentes: a República no Catete.* Petrópolis/Rio de Janeiro: Vozes/ FCRB, 1989.

Mattos, Marcelo Badaró. "Greves, sindicatos e repressão policial no Rio de Janeiro (1954-1964)". *Revista Brasileira de História.* São Paulo: Anpuh, vol.24, n.47, jan-jun 2004, p.241-70.

Melo, José Marques de. *A opinião no jornalismo brasileiro.* Petrópolis: Vozes, 1985.

Minois, Georges. *História do riso e do escárnio.* São Paulo: Unesp, 2003.

Moles, Abraham. *O cartaz.* São Paulo: Perspectiva, 1974.

Moraes, Dênis de. *A esquerda e o golpe de 1964.* Rio de Janeiro: Espaço e Tempo, 1989.

Motta, Rodrigo Patto Sá. *Em guarda contra o "perigo vermelho": o anticomunismo no Brasil (1917-1964).* São Paulo: Perspectiva/Fapesp, 2002.

________. "Batalhas em torno do mito: Luiz Carlos Prestes". *Estudos Históricos,* n.34. Rio de Janeiro: CPDOC/FGV, 2004, p.91-115.

________. "Anticomunismo militar". *Anais do Seminário 1964-1984, quarenta anos do golpe.* Rio de Janeiro: 7Letras/ Faperj, 2004, p.'290-305.

________. "João Goulart e a crise de 1964 no traço da caricatura". In Reis Filho, Daniel A., Marcelo Ridenti e Rodrigo Patto Sá Motta. *O golpe e a ditadura militar, 40 anos depois (1964-2004).* Bauru: Edusc, 2004, p.179-201.

Mourão Filho, Olympio. *Memórias: A verdade de um revolucionário.* Porto Alegre: L&PM, 1978.

Neves, Lucília de Almeida. *O Comando Geral dos Trabalhadores no Brasil (1961-1964).* Petrópolis: Vozes, 1986. 2ed.

Oliveira, Eliézer Rizzo de. *As Forças Armadas: política e ideologia no Brasil (1964-1969).* Petrópolis: Vozes, 1978. 2ed.

Panofsky, Erwin. *Significado nas artes visuais.* São Paulo: Perspectiva, 1976.

________. "Introdução". In *Estudos de iconologia.* Lisboa: Estampa, 1986.

Parker, Phyllis. *1964: o papel dos Estados Unidos no golpe de Estado de 31 de março.* Rio de Janeiro: Civilização Brasileira, 1977.

Pimentel, Luís. *Entre sem bater! O humor na imprensa brasileira.* Rio de Janeiro: Ediouro, 2004.

Pinheiro Neto, João. *Jango: um depoimento pessoal.* Rio de Janeiro: Record, 2003. 2ª ed.

Pinto, Bilac. *Guerra revolucionária.* São Paulo: Forense, 1964.

Porto Sobrinho, Antônio. *A guerra psicológica no Brasil.* Rio de Janeiro: Fundo de Cultura, 1965.

Propp, Vladimir. *Comicidade e riso.* São Paulo: Ática, 1992.

Raposo, Eduardo (org.). *1964, 30 anos depois.* Rio de Janeiro: Agir, 1994.

Reis Filho, Daniel A. *Ditadura militar, esquerda e sociedade.* Rio de Janeiro: Jorge Zahar, 2002. 2ª ed.

Rémond, René. *Pour une histoire politique.* Paris: Seuil, 1996. 2ª ed.

Ricoeur, Paul. *A metáfora viva.* São Paulo: Loyola, 2000.

Ridenti, Marcelo. *Em busca do povo brasileiro.* Rio de Janeiro: Record, 2000.

Rioux, Jean-Pierre e Jean-François Sirinelli (orgs.). *Pour une histoire culturelle.* Paris: Seuil, 1997.

Rosanvallon, Pierre. "Por uma história conceitual do político". *História.* São Paulo, vol.15, 1996.

Saliba, Elias Tomé. *Raízes do riso.* São Paulo: Companhia das Letras, 2002.

Santaella, Lucia e Winfried Nöth. *Imagem. Cognição, semiótica, mídia.* São Paulo: Iluminuras, 1998.

Segatto, José Antonio. *Reforma e revolução. As vicissitudes políticas do PCB, 1954-1964.* Rio de Janeiro: Civilização Brasileira, 1995.

Sigaud, Geraldo de Proença (Dom). *Catecismo anticomunista.* São Paulo: Vera Cruz, 1962.

Silva, Deonísio da. *Nos bastidores da censura: sexualidade, literatura e repressão pós-64.* São Paulo: Estação Liberdade, 1989.

Silva, Marcos. *Caricata República.* São Paulo: Marco Zero, 1990.

SILVEIRA, Mauro César. *A batalha de papel. A Guerra do Paraguai através da caricatura*. Porto Alegre: L&PM, 1996.

SIMÕES, Solange de Deus. *Deus, Pátria e Família. As mulheres no golpe de 1964*. Petrópolis: Vozes, 1985.

SKIDMORE, Thomas. *Brasil: de Getúlio a Castelo Branco*. Rio de Janeiro: Paz e Terra, 1996. 10ª ed.

SKINNER, Quentin. *L'artiste en philosophie politique*. Paris: Raison D'Agir, 2003.

________. *Razão e retórica na filosofia de Hobbes*. São Paulo: Unesp, 1999.

________. *Hobbes e a teoria clássica do riso*. São Leopoldo: Unisinos, 2002.

SMITH, Anne Marie. *Um acordo forçado. O consentimento da imprensa à censura no Brasil*. Rio de Janeiro: FGV, 2000.

SOARES, Gláucio Dillon. "O golpe de 64". In *21 anos de Regime Militar: balanços e perspectivas*. Rio de Janeiro: FGV, 1994.

SODRÉ, Muniz e Raquel Paiva. *O império do grotesco*. Rio de Janeiro: Mauad, 2002.

SOUZA, Luiz Alberto Gómez de. *A JUC: os estudantes católicos e a política*. Petrópolis: Vozes, 1984.

SRBEK, Wellington. *O riso que liberta: uma leitura do quadrinho-arte de Henfil*. Tese de doutorado apresentada à UFMG. Belo Horizonte, 2004.

STARLING, Heloísa Murgel. *Os Senhores das Gerais: os novos inconfidentes e o golpe militar de 1964*. Petrópolis: Vozes, 1986.

STAV, Arieh. *Peace: the Arabian Caricature*. Nova York: Gefen, 1999.

TENDLER, Silvio e Maurício Dias. *Jango*. Porto Alegre: L&PM, 1984.

TOLEDO, Caio Navarro de. *O governo Goulart e o golpe de 1964*. São Paulo: Brasiliense, 1982.

________ (org.). *1964: visões críticas do golpe. Democracia e reformas no populismo*. Campinas: Unicamp, 1997.

VELLOSO, Monica Pimenta. *Modernismo no Rio de Janeiro: turunas e quixotes*. Rio de Janeiro: FGV, 1996.

VESTERGAARD, Torben e Kim Schroder. *A linguagem da propaganda*. São Paulo: Martins Fontes, 1988.

WAINER, Samuel. *Minha razão de viver*. Rio de Janeiro: Record, 1980.

WEBER, Hilde. *O Brasil em charge: 1950-1985*. São Paulo: Circo Editorial, 1985.

WHITE, Hayden. *Meta-História. A imaginação histórica do século XIX*. São Paulo: Edusp, 1992.

Agradecimentos

Começo com os agradecimentos institucionais. Este livro é resultado de pesquisa financiada pelo Programa de Auxílio à Pesquisa para Recém-Doutores da Universidade Federal de Minas Gerais. O projeto foi selecionado na demanda de 2001 e as verbas financiaram as viagens de pesquisa e o trabalho de reprodução fotográfica. Fui beneficiado também por verbas do CNPq, órgão financiador de uma bolsa de iniciação científica vinculada ao projeto.

Agradeço a meus colegas do Departamento de História da Universidade Federal de Minas Gerais pelo apoio e amizade. O ambiente de camaradagem prevalecente no Departamento nos últimos anos, temperado por saudável emulação, tem sido um estímulo constante.

A aluna Flávia Perdigão, que agora estuda no Japão, realizou parte das pesquisas em Belo Horizonte como voluntária. Denis Martins, então bolsista de iniciação científica, digitalizou as primeiras séries de reproduções fotográficas das caricaturas.

Sou grato à competente e dedicada equipe da Jorge Zahar Editor, responsável pela produção do livro, especialmente a Ana Paula Tavares, que cuidou da edição das imagens, e a Rita Jobim, que comandou a revisão do texto e ainda ofereceu comentários inteligentes e úteis sobre a interpretação das caricaturas.

Letícia, minha esposa, atuou mais uma vez como leitora crítica. Ela é minha leitora porém exigente, mas, em compensação, a mais carinhosa. Fez sugestões e comentários perspicazes, em particular sobre aspectos da representação feminina nas caricaturas.

Merecem menção especial os artistas cujo trabalho foi objeto de análise, ou seus descendentes que, gentil e graciosamente, autorizaram a reprodução das caricaturas. Agradeço a Lan (Lanfranco Vaselli), Jaguar (Sérgio Jaguaribe), Claudius (Ceccon), Cláudio Weber Abramo (filho de Hilde), Paola Biganti (filha de Biganti), José Carlos Pires Ferreira (filho de Theo) e Ricardo Moniz Bandeira e Luiz Alberto Moniz Bandeira (respectivamente, filho e irmão de

Augusto Bandeira).* Sem a sua generosa compreensão este livro não poderia ter sido publicado. Ficarei contente se as análises dedicadas às caricaturas não frustrarem sua expectativa. Procurei tratar seu trabalho com o merecido respeito, embora não tenha fugido das polêmicas (o assunto não o permitiria) e, tampouco, evitado apontar as opiniões políticas expressas nas caricaturas.

De todo modo, este livro é um tributo à obra desses geniais artistas.

* No livro foram reproduzidas, ainda, caricaturas de Adail e Roma, publicadas nos periódicos *Maquis* e *Novos Rumos*. Os esforços na tentativa de localizá-los ou seus parentes foram infrutíferos.

Este livro foi composto em Minion e GillSans
e impresso pela Geográfica Editora em setembro de 2006.